Nev

D1458476

...rn she..

by the last date stamped below.

Dylid dychwelyd neu adnewyddu'r eite
y dyddiad olaf...

Gwynoro
a Gwynfor

Heb y bobol ganlynol ni fyddai'r hyn a ddigwyddodd i mi yn ystod y cyfnod dan sylw wedi dod i fodolaeth.

Fe hoffwn felly gydnabod cyfraniadau fy nghyn-wraig Laura, yr asiant Ivor Morris, a Gwyn Charles, Carwe, am eu gweithgaredd, eu brwdfrydedd a'u hymgyrchu diflino yn ystod yr holl amser. Hefyd y fagwraeth a gefais a chyfraniad fy nheulu ar yr aelwyd ym Manyrafon, Foelgastell, a chefnogaeth y llu o weithwyr y Blaid Lafur yng Nghwm Gwendraeth, a'r cannoedd ar draws yr etholaeth. Yn wir, fe fu yn anrhydedd o'r mwyaf i gynrychioli sir fy mebyd yn San Steffan. Diolch yn ogystal i Alun am ei lafur wrth lunio'r cofiant hwn.

Gwynoro
a Gwynfor

GWYNORO JONES
GYDAG ALUN GIBBARD

Argraffiad cyntaf: 2019

© Hawlfraint Gwynoro Jones, Alun Gibbard a'r Lolfa Cyf., 2019

Mae hawlfraint ar gynnwys y llyfr hwn ac mae'n anghyfreithlon
llungopïo neu atgynhyrchu unrhyw ran ohono trwy unrhyw
ddull ac at unrhyw bwrpas (ar wahân i adolygu) heb gytundeb
ysgrifenedig y cyhoeddwyr ymlaen llaw

Dymuna'r cyhoeddwyr gydnabod cymorth ariannol
Cyngor Llyfrau Cymru

Llun y clawr: Aled Llywelyn
Cynllun y clawr: Y Lolfa

Rhif Llyfr Rhyngwladol: 978 1 78461 421 8

Cyhoeddwyd, rhwymwyd ac argraffwyd yng Nghymru gan
Y Lolfa Cyf., Talybont, Ceredigion SY24 5HE
gwefan www.ylolfa.com
e-bost ylolfa@ylolfa.com
ffôn 01970 832 304
ffacs 832 782

Cynnwys

Rhagair

GWYNORO A GWYNFOR. Pan welais i deitl y gyfrol hon am y tro cyntaf allwn i lai na dychmygu fy mod i'n edrych ar boster yn heipio gornest focsio go arbennig. Ac yn wir, wedi ystyried dipyn mae'n rhaid cyfaddef nad oeddwn i ymhell o'm lle. Oherwydd yr hyn y mae Gwynoro Jones ac Alun Gibbard wedi ei wneud wrth lunio'r llyfr hwn ydi croniclo clamp o ornest wleidyddol mewn un etholaeth yng Nghymru. Gornest a barodd am wyth mlynedd rhwng 1966 ac 1974, er mai dim ond unwaith neu ddwy erioed y daeth y ddau baffiwr wyneb yn wyneb â'i gilydd.

Yn un gornel yr oedd Gwynfor Evans, gŵr busnes uchel ei barch. Llywydd Plaid Cymru. Cynghorydd Sirol yn Sir Gaerfyrddin, Trysorydd Undeb yr Annibynwyr yng Nghymru, ac yn fwy na dim, y gŵr oedd wedi llwyddo i roi swadan go dda i'r Blaid Lafur mewn isetholiad hanesyddol yn dilyn marwolaeth sydyn y Fonesig Megan Lloyd George. A fo felly oedd Aelod Seneddol Sir Gaerfyrddin. Cynrychiolydd cyntaf Plaid Cymru yn San Steffan.

Yn y gornel arall wele Gwynoro Jones, brodor o Gwm Gwendraeth a oedd yn bedair ar hugain oed pan lwyddodd i drechu dau ymgeisydd arall yn y ras am yr enwebiad fel ymgeisydd y Blaid Lafur. Ac fel pregethwr lleyg yr oedd ganddo yntau gysylltiad pur agos â bywyd crefyddol yr etholaeth.

Ond o'r cychwyn cyntaf, doedd yna fawr o gariad brawdol rhwng y ddau fel unigolion na rhwng eu pleidiau chwaith. Roedd yna awyrgylch o wawd a dychan, chwerwedd ac ymgecru personol i'w chanfod yn ddyddiol bron. Yn wir fe ellid honni fod yna gasineb yn bodoli ar bob lefel. Ac fel newyddiadurwr a fu'n gweithio fel gohebydd, cyflwynydd a golygydd ar raglenni gwleidyddol i TWW a HTV Cymru yn y cyfnod hwnnw, fe alla i dystio na welwyd awyrgylch debyg yn hanes gwleidyddiaeth y Gymru Gymraeg.

A'r hyn sy'n ddiddorol am y gyfrol arbennig hon yw dull yr awduron o fynd ati i gasglu'r defnydd am yr ornest fawr. Wrth gwrs roedd yna areithiau a chyfarfodydd o bob math. Roedd yna ryw gymaint o deledu a radio. Ond roedd swmp gwleidydda Gwynoro Jones a Gwynfor Evans, y dwthwn hwnnw, yn digwydd ar dudalennau y papurau lleol, sef y *Carmarthen Times*, y *Carmarthen Journal* a'r *Guardian* heb sôn am y *Western Mail* a'r *Evening Post*. Yng ngholofnau'r papurau yma y byddai'r ddau baffiwr a'u cefnogwyr yn waldio ei gilydd yn ddidrugaredd ar ffurf erthyglau a llythyrau. Ac mae Alun Gibbard i'w longyfarch am ei ymchwil a'i ddadansoddiad o'r cyfnod cythryblus a diddorol hwn yn hanes gwleidyddol Sir Gaerfyrddin.

Wrth gwrs mae yna dri phinacl i'r stori. Y cyntaf yw buddugoliaeth Gwynoro yn Etholiad 1970 ac yn cael pedair blynedd yn San Steffan. Yna cael mynd yn ôl am ychydig fisoedd wedi ei fuddugoliaeth o drwch blewyn yn Etholiad cyntaf 1974. A'r pinacl olaf oedd ail Etholiad 1974 a thro Gwynoro oedd hi y tro hwn i gael clec gan Gwynfor, ac er efallai fod y Llafurwr o Gwm Gwendraeth wedi difaru, penderfynu peidio dod yn ôl am ornest arall yn 1979 ddaru o. Colli fu hanes Gwynfor, ond i ymgeisydd Llafur arall y tro hwnnw.

Do, fe aeth pum mlynedd a deugain heibio ers i'r ddau baffiwr wynebu ei gilydd – a bellach diolch i wasg y Lolfa – mae'r ddau ohonyn nhw wedi cael sylw dyladwy mewn print yn yr iaith Gymraeg. A da o beth yw hynny, oherwydd efallai y bydd y gyfrol hon yn gymorth i brofi i rai deallusion mai nid rhywbeth newydd a ymddangosodd gyda dyfodiad datganoli yw 'gwleidyddiaeth Gymreig'. Dyma oedd awgrym Ruth Thomas, golygydd y gyfrol *Pen ar y Bloc* gan Vaughan Roderick. Mi awgrymwn i y dylai hi a phawb sy'n cytuno â hi ddarllen *Gwynoro a Gwynfor* a'r cyfrolau ardderchog eraill a ddaeth o wasg y Lolfa dros y blynyddoedd diwetha. Buan iawn y byddan nhw yn canfod fod yr honiad yn gamarweiniol a di-sail.

Yn chwech a saith degau y ganrif ddiwetha y gosodwyd y sylfeini a'u gwnaeth hi'n bosibl i wleidyddiaeth Gymreig gamu ymlaen tuag at yr annibyniaeth sy'n araf ddatblygu ym Mae Caerdydd. Ac yn sicr mae rhan fechan o'r stori honno i'w chanfod ar dudalennau'r gyfrol hon. A diolch i'r Lolfa am gael y dewrder i'w chyhoeddi.

Gwilym Owen
Mawrth 2019

Yr hyn a welais, a glywais ac a dystiais

'NID Y FI yw'r un i ofyn pam,' meddai Meic Stevens yn ei gân. Ond mae geiriau cân Hogia'r Wyddfa dipyn mwy perthnasol wrth i fi ysgrifennu'r geiriau 'ma. 'Pam, pam, pam, pam, pam, o pam?' wnaethon nhw ganu. A dyna'r cwestiwn aeth drwy fy meddwl innau droeon wrth roi'r llyfr hwn at ei gilydd. Pam ei ysgrifennu? A pham ei ysgrifennu nawr? Dyna ddau 'pam' mawr Gwynfor a Gwynoro. Roedd ymwneud y ddau ohonom â'n gilydd drosodd i bob pwrpas rhyw 44 mlynedd yn ôl. Ac er ffyrniced y brwydro rhyngom, mae hynny'n amser hir iawn mewn gwleidyddiaeth. Ond fe ddaeth ambell ateb i'r ddau pam. A dyma nhw.

I ddechrau, ni fu prinder sylw i farn Gwynfor ar bawb a phopeth, gan fy nghynnwys i a'r Blaid Lafur, yn enwedig ar ddatganoli. Unllygeidiog ar y gorau oedd nifer fawr o'i sylwadau. Mae angen unioni'r camau hynny.

Ymhellach, does dim amheuaeth bod Gwynfor ei hun wedi cael ei wyngalchu hyd at drwch blewyn i fod yn sant gan ei ddilynwyr. Ond yn fy ymwneud i ag e, ni welais i ddyn oedd yn agos at fod yn sant. Yr argraff ges i oedd ei fod yn wleidydd ac ynddo wendidau amlwg a amharodd ar ei yrfa, yn enwedig ar lefel strategaethol ac o ran ei duedd cyson i or-ddweud!

Byddaf yn nodi enghreifftiau o pam dwi'n credu'r pethau hynny drwy gydol y llyfr hwn, gan mai nid ar chwarae bach dwi'n eu dweud. Ac nid gydag unrhyw elfen o ragfarn chwaith. Dyma ffrwyth pwyso a mesur degawdau; dyn yn ei saithdegau yn cyfleu yr hyn a ddisgrifiwyd gan Wordsworth fel 'emotions recollected in tranquillity'. Wel, mor heddychlon ag y gall gwleidyddiaeth yng Nghymru fod o leiaf! A rhaid nodi fan hyn hefyd nad oeddwn innau heb fy ngwendidau chwaith, ac fe wnes i gamgymeriadau. Ond nid yn unig oherwydd ymwneud yr unigolion â'i gilydd roedd angen ysgrifennu'r llyfr. Dwi ddim yn credu y bu cyfnod tebyg yng ngwleidyddiaeth Cymru i ganol y chwedegau a dechrau'r saithdegau, sef union gyfnod y brwydro rhwng Gwynfor a finnau. Roedd y ddau ohonom, yn hynny o beth, yn lwcus i gael bod yn rhan o'r amser hwnnw. Roedd yn gyfnod o frwydro a herio'r *status quo*, yn enwedig ar faterion cyfansoddiadol yn ymwneud â datganoli a statws yr iaith Gymraeg. Dyma gyfnod Tryweryn, y Blaid Lafur yn ennill etholiad am y tro cyntaf ers blynyddoedd maith, dyddiau trais, bomio, protestio, a Chymdeithas yr Iaith a Saunders Lewis yn corddi'r dyfroedd y tu fewn i Blaid Cymru.

A hefyd dyma gyfnod o ddadlau brwd ynglŷn ag Ewrop a rhaniadau difrifol o'r herwydd. Dyma pryd y gwnaeth Prydain ymuno â'r Farchnad Gyffredin. Go brin y bu cyfnod mwy chwerw, mwy ymfflamychol, mor ymgecrus, yn hanes gwleidyddiaeth Cymru, a hynny ar sawl lefel. Does dim dwywaith i hyn ddylanwadu ar ymwneud Gwynfor a fi â'n gilydd. Bydd pennod ola'r llyfr hwn yn ystyried faint o ddylanwad gafodd chwerwder y cyfnod ar y ffordd yr oedd Gwynfor a finnau'n ymateb i'n gilydd. Ond cyn hynny, rhaid adrodd y stori fel y datblygodd hi ar y pryd. Mae ailymweld â stori Gwynfor a fi'n mynd â ni'n ôl i gyfnod pwysig yn hanes ein gwlad. Doedd e ddim byd tebyg i wleidyddiaeth heddiw!

Yn hynny o beth, mae'r cofnodi sydd yn digwydd rhwng y cloriau hyn yn fodd i roi gwleidyddiaeth Plaid Cymru a'r Blaid Lafur yng nghyd-destun cywir y cyfnod. Faint wnaeth Plaid Cymru ei gyflawni mewn gwirionedd ar ddatganoli, er enghraifft? Beth oedd agwedd go iawn y Blaid Lafur ar yr un pwnc? Roedd Gwynfor yn hoff iawn o hawlio clod am lwyddiannau yn enw Plaid Cymru pan mai pobol eraill oedd yn haeddu'r clod mewn gwirionedd. Roedd yn llawer rhy barod i anwybyddu'r hyn a wnaed gan y Blaid Lafur mewn sawl maes, ond yn benodol o ran datganoli, o'r pumdegau, trwy'r

11

chwedegau ac i'r saithdegau. A dwi'n dweud hyn oll fel un a adawodd y Blaid Lafur.

Dyna'r pam, mae'n siŵr. Ond beth am y pam nawr? Mae yna sawl ateb posib. Yn gyntaf, bues i allan o'r byd gwleidyddol am dros ugain mlynedd, yn rhedeg busnes yn arolygu ysgolion. Roedd cynnal dros 10,000 o arolygiadau trwy Gymru a Lloegr, gan gyflogi dros hanner cant o bobol mewn dwy swyddfa, a defnyddio dros 600 o arolygwyr hunangyflogedig, yn golygu nad oedd unrhyw amser i wleidydda o unrhyw fath.

Ond yn y blynyddoedd diwethaf, mae'r fflam wleidyddol wedi ailgynnau yndda i. Mae gen i flog, sianel YouTube, tudalen Facebook a chyfri Twitter a'r cwbl yn weithgar tu hwnt. Dwi'n annerch unwaith eto, yn enw mudiadau amrywiol fel Ie Cymru. O ganlyniad, mae'n naturiol fy mod yn edrych 'nôl ar y cyfnod pan oeddwn yn Aelod Seneddol. Mae'r awch i wneud hynny yn ôl nawr.

Ond er i'r ymwneud gwleidyddol ddiflannu, fe wnes i ddal fy ngafael ar fy holl archif o ganol y chwedegau tan 1974 ac ymhellach. Felly mae'r llyfrau sgrap llawn toriadau papur newydd, copïau o areithiau a llyfrynnau a gyhoeddwyd gen i, yn ogystal â llythyron, wedi bod yn ffynhonnell werthfawr iawn i'r ymchwil.

Elfen arall o'r ateb i 'pam nawr' yw'r sefyllfa wleidyddol sydd ohoni. Mae yna debygrwydd rhwng sawl agwedd o wleidyddiaeth heddiw a gwleidyddiaeth cyfnod y llyfr. (Er hynny, nid yw'r casineb na'r trais yn bresennol heddiw fel ag yr oedd yn etholiadau y cyfnod hwnnw. Ac ar ben hynny, doedd dim rhaid i'r arweinwyr a ddilynodd Gwynfor ymdopi â'r eithafwyr oedd y tu fewn a'r tu allan i Blaid Cymru.) Ond roedd yna faterion digon tebyg. Trafod datganoli ac annibyniaeth i Gymru, er enghraifft, a thrafod Ewrop. Felly hefyd y trafod ar gyfeiriad y Blaid Lafur a Phlaid Cymru fel ei gilydd. Mae'r anniddigrwydd roedden ni'n ei deimlo yn y Blaid Lafur yn y saithdegau yn amlwg ymhlith rhai Aelodau Seneddol Llafur heddiw. Mae Plaid Cymru heddiw yn wynebu dadl fewnol ynglŷn ag i ba gyfeiriad y dylai gamu yn y dyfodol. Dwi'n siŵr bod llawer o elfennau a welir yng ngwleidydda cyfnod Gwynfor a fi yn canu cloch i ni heddiw.

Mae'r ateb ola i 'pam a pham nawr' yn un hollol bersonol. Mae gen i dri o blant ac wyrion hefyd. Roedd fy mhlant yn fach pan oeddwn i'n weithgar yn wleidyddol ac yn Aelod Seneddol. Yn sicr doedden nhw ddim yn ddigon hen i ddeall arwyddocâd fy ngwaith gwleidyddol. Mae'r llyfr hwn yn ffordd o roi ar gof a chadw yr hyn wnes i, er mwyn y plant a'r wyrion felly. Bydd yn ffordd iddyn nhw ddeall a dysgu sut oedd fy mywyd pan o'n i'n ifancach nag mae fy mhlant i nawr. Mae'r tri wedi torri cwys annibynnol a llwyddiannus iddyn nhw eu hunain. Dyma gyfle iddyn nhw weld sut y gwnes innau hynny hefyd.

Gwynoro Jones
Mawrth 2019

Trydar, colofnau
a llyfrau sgrap

DYMA DDYDDIAU PAN mae Arlywydd yr Unol Daleithiau'n cyfathrebu canran sylweddol o'i ddatganiadau gwleidyddol trwy ei gyfri ar wefan gymdeithasol Trydar. Polisi mewn brawddeg sydd ddim ar bapur.

Cam i fyd cwbl wahanol oedd mentro i fwrlwm ymgyrchu gwleidyddol Gwynoro Jones ryw hanner canrif yn ôl. Ac nid sôn am liw y wleidyddiaeth ydw i chwaith. Dyma ddyddiau llythyru wythnosol brwd yn y papurau ar faterion gwleidyddol lleol, cenedlaethol a rhyngwladol. Roedd tri phapur lleol yn etholaeth Gwynoro: y *Carmarthen Times*, y *Carmarthen Journal* a'r *Guardian*, a hefyd y *Western Mail* a'r *Evening Post*. Nid pytiau bach a arferai ymddangos yn y rhain chwaith. Nid cwpwl o frawddegau bachog gan Mr neu Mrs Anfodlon o Gwmsgŵt. Mae llawer o'r llythyron yn hanner tudalen a mwy ac yn ymddangos mewn papurau llydan sylweddol. Ac mae nifer y cyfranwyr yn lluosog.

Ond nid y cyhoedd yn unig a fyddai'n defnyddio'r papurau lleol i nodi eu barn ar ffordd osgoi Caerfyrddin, pris llaeth, mater pwy oedd yn berchen ar ddŵr Cymru ac ati. Dyma lle y byddai Gwynfor Evans a Gwynoro Jones eu hunain yn gwyntyllu eu safbwyntiau. Mewn print y byddai'r naill yn gwrth-ddweud y llall. Dyma blatfform y gwleidydda, heb os, mewn modd sy'n anodd ei amgyffred heddiw pan mae ysgrifennu llythyron a thrafod mewn papurau lleol yn ymarfer i leiafrif brwdfrydig ond ymylol. Gellid dadlau bod trafod gwleidyddol, er yn fwy mynych a chyson efallai, yn llai treiddgar nag yr oedd yn nyddiau'r llythyru hirfaith. Yn sicr, nid yw'r ymgeiswyr seneddol yn trin a thrafod eu safbwyntiau ar bynciau amrywiol hanner mor fanwl ag yr oedd Gwynfor a Gwynoro ym mhapurau eu hetholaeth nhw.

Canlyniad hyn o fy safbwynt i oedd canfod ffynhonnell gyfoethog iawn o wybodaeth am safbwyntiau'r cyfnod i gyd mewn un casgliad pwysig a gwerthfawr. Mae Gwynoro Jones wedi cadw llwyth o doriadau papur newydd o'r cyfnod rhwng 1966 ac 1974. Yn wir, mae'n berchen ar nifer fawr o lyfrau sgrap llawn toriadau a lluniau sy'n croniclo talp sylweddol o hanes gwleidyddol Cymru mewn cyfnod mor gythryblus ac allweddol â diwedd y chwedegau a dechrau'r saithdegau. Yn y llyfrau hyn, mae yna gannoedd o lythyrau ac erthyglau gan ohebwyr a golygyddion, yn ogystal â nifer fawr gan Gwynoro a Gwynfor eu hunain. Yn wir, maent yn ffynhonnell sylfaenol gwbl werthfawr i unrhyw un sydd am ysgrifennu am y cyfnod hwn, ac nid yn unig am Gwynoro Jones.

O ganlyniad, buais gryn dipyn o amser wrth y gwaith ymchwil. Mae'n haws darllen negeseuon Trydar na llathenni o golofnau papur newydd! Ond ni fyddai darllen negeseuon oddi ar wefan gymdeithasol yn unig wedi dod yn agos at greu naws, awyrgylch a thensiwn y brwydro gwleidyddol a fu yn rhan o hanes gwleidyddol Gwynoro a Gwynfor. Trwy drwch y cofnodion print, roedd modd mynd i'r afael go iawn â theimladau a meddyliau trigolion yr etholaeth, ynghyd â'r dulliau yr oedd y ddau brif faffiwr gwleidyddol hyn yn eu defnyddio wrth fynd i'r afael â'i gilydd. Mae wedi bod yn ymarfer gwerthfawr, ac yn ei ffordd ei hun yn un cwbl hanesyddol. Wrth drin a thrafod y llyfrau sgrap hyn, teimlais fy mod yn trin a thrafod dogfennau hanes byw, a hynny mewn etholaeth sydd yn gwbl unigryw o ran hanes gwleidyddol Cymru. Mae'n etholaeth sydd wedi cyflwyno sawl canlyniad dramatig ar hyd y blynyddoedd a'r frwydr rhwng Gwynfor a Gwynoro oedd yr amlycaf o'r rheini.

Yr hyn a geir yn y gyfrol felly yw ffrwyth darllen erthyglau golygyddol y papurau unigol hyn, llythyron gan drigolion etholaeth Caerfyrddin, erthyglau gan aelodau o dîm Gwynoro a thîm Gwynfor a chyfraniadau sylweddol gan y ddau wleidydd eu hunain. Yn hynny o beth, roedd y broses ysgrifennu yn dibynnu ar dair ffynhonnell werthfawr iawn: y trwch o doriadau papur newydd a gadwyd gan Gwynoro ar hyd y degawdau, ein sgyrsiau a'r cyfweliadau cyson dros gyfnod o flwyddyn a mwy, a'r ymchwil o lyfrau'n ymwneud â'r cyfnod. Yn y ddwy ffynhonnell gyntaf, cafwyd dwy ffordd o ymdrin â'r testun. Yr ymateb a fynegwyd ar y pryd, yn y llythyron a'r colofnau dirifedi, a sylwadau Gwynoro am y llythyron ac am y pynciau a godwyd ynddyn nhw wrth edrych 'nôl dros ysgwydd amser.

Trwch corff y llyfr yw'r llythyron a'r erthyglau. Adrodd y stori fel yr oedd hi'n datblygu ar y pryd a wneir fan hyn. Mae'n bwysig cofio hynny. Gwneir cyfraniadau cyfredol hefyd gan Gwynoro wrth i'r stori gael ei hadrodd. Trwy'r broses hon, down i nabod Gwynoro'r gwleidydd a Gwynoro'r person hefyd. Ac, wrth gwrs, down i nabod Gwynfor yn y ffordd y mae Gwynoro yn ymateb iddo. Rhaid cofio mai stori Gwynoro yw hon, ac felly doedd dim pwysau i osod ymateb Gwynfor i bob pwynt a wneir gan Gwynoro. Mae'n siŵr y byddai Gwynoro'n dweud bod hen ddigon o sylw wedi cael ei roi i sylwadau Gwynfor ar hyd y degawdau ers 1974 ac mae ei dro yntau yw hi nawr! Yn hyn o beth, clywn sawl stori am y tro cyntaf.

Daw'r gyfrol i ben wrth i Gwynoro bwyso a mesur ei yrfa wleidyddol rhwng 1966 a 1974 gan fanteisio ar y cyfle i edrych yn ôl ar ddoe a cheisio deall yr hyn a ddigwyddodd y pryd hynny o safbwynt heddiw. Mae'n pwyso a mesur cryfderau a gwendidau ei yrfa wleidyddol, a hynny yn gwbl onest. Mae'n cydnabod ei ffaeleddau. Mae hynny ynddo'i hun yn chwa o awyr iach yn yr hinsawdd wleidyddol bresennol. Cawn ddehongliad Gwynoro o gyfraniad gwleidyddol Gwynfor Evans, un a glodforwyd am ei statws gwleidyddol tra-awdurdodol a dylanwadol, ond dyn â nifer o wendidau a anwybyddwyd gan ei ddilynwyr, yn ôl Gwynoro. Wrth adrodd ei stori mae Gwynoro yn dadlau ei achos.

Profiad heriol oedd ceisio deall dau gymeriad gwleidyddol dylanwadol ac annibynnol, yn enwedig gan bod un yn fyw a'r llall wedi marw. Ond mae un peth yn sicr, roedd yn agoriad llygad i fi, fel un sy'n cofio bwrlwm a berw protestiadau arwyddion ffyrdd a sianel deledu Cymdeithas yr Iaith, yn ogystal ag etholiadau cyffrous 1974. Heb os, cawn gip yn y gyfrol ar ddau wleidydd blaenllaw mewn cyfnod pan oedd Cymru ar dân yn wleidyddol.

Heb os, mae wedi bod yn gyfrwng hefyd i fi ehangu fy nealltwriaeth o lif y broses wleidyddol. Fel un a fu'n meddwl am wleidydda cenedlaetholgar y saithdegau, trwy gof rhywun yn ei arddegau ar y pryd, hawdd meddwl i drafod datganoli ddechrau yn 1979 gyda'r refferendwm ac i drafodaethau sefydlu sianel Gymraeg ddechrau ym mlynyddoedd cyntaf yr wythdegau. Hawdd meddwl hefyd i'r holl ddatblygiadau yn y meysydd hynny ddod o gyfeiriad un blaid, neu un gymdeithas yn unig. Roedd yn agoriad llygad gweld bod y darlun dipyn yn fwy cymhleth na hynny.

O safbwynt yr ymwneud â'r dyn ei hun, daw un pwynt i'r wyneb yn gwbl amlwg. Mae'n siŵr nad ydym yn cytuno ar sawl peth gwleidyddol. Ond nid dyna'r pwynt. Os mai dyma ddyddiau Trump, dyma ddyddiau Brexit hefyd wrth gwrs. Ac yng nghyfnod y trafodaethau sydd ynghlwm â thynnu gwledydd Prydain o'r Undeb Ewropeaidd, mae'n ddifyr gweld y gwahaniaeth rhwng yr Aelodau Seneddol Ceidwadol presennol sydd o farn benodol ond yn pleidleisio'r ffordd arall er mwyn eu plaid, a Gwynoro a gadwodd at ei egwyddorion ei hun, er bod gwneud hynny yn golygu sefyll yn erbyn ei blaid. Gwleidyddiaeth argyhoeddiadol wyneb yn wyneb â gwleidyddiaeth bleidiol.

Dymuniadau gorau i bwy bynnag fydd am geisio gwneud gwaith cyffelyb ar y cyfnod presennol gan ddibynnu ar negeseuon Trydar a Facebook fel ffynonellau craidd. Diolch byth am bapurau lleol!

Alun Gibbard
Mawrth 2019

1

Beth wyt ti'n wneud dros weddill yr haf, Gwynoro?

AMBELL WAITH GALL gyrfa, neu gwrs bywyd yn wir, newid cyfeiriad oherwydd y digwyddiadau mwyaf disymwth a dinod. Dyna'n sicr beth ddigwyddodd i fi. Dwi'n mynd yn ôl i fis Mai 1967, wythnosau'n unig cyn y *Summer of Love* enwog yng Nghaliffornia. Efallai'n wir i'r digwyddiad hwnnw gael effaith fyd-eang, ond mae'r hyn ddigwyddodd i fi'r haf hwnnw yn allweddol yn y ffordd wnaeth gweddill fy ngyrfa a 'mywyd ddatblygu. Mae'n gadwyn hanfodol yn y stori sy'n arwain at fy ymwneud â Gwynfor Evans.

Ar y diwrnod dan sylw, dydw i ddim yn cofio'r union ddyddiad, roedd gen i amser bant o fy ngwaith fel economegydd cynorthwyol i'r Bwrdd Nwy. Roeddwn newydd brynu tŷ yn Llanishen, Caerdydd, a hynny am fy mod ar fin priodi Laura Miles, merch o Garn-swllt, Rhydaman. Roedd bywyd yn ddigon dymunol felly: prynu tŷ newydd, edrych 'mlaen i briodi a swydd gymharol newydd hefyd. Braf oedd fy myd, a digon syml.

Roedd Arwel Davies, ffrind ysgol a phrifysgol, yn digwydd bod ar gael. Roedd newydd gwblhau ei hyfforddiant i fod yn athro ac yn mwynhau'r amser rhydd cyn cael swydd. Dyma'r ddau ohonom ni'n penderfynu mynd am dro i Benarth. Roedd yn benderfyniad digon mympwyol, yn ysbryd hamddenol ein hamgylchiadau ni'n dau ar y pryd.

Wrth i ni gerdded ar hyd y prom, yn mwynhau sgwrsio ac awel y môr, dyma gar yn arafu wrth ein hochr ac yn dod i stop. Roeddwn yn adnabod y gyrrwr yn iawn. Jack Evans oedd e, ymgeisydd y Blaid Lafur yng Nghaerfyrddin yn Etholiad Cyffredinol 1955. Doeddwn i ddim yn ei gofio o'r ymgyrch etholiadol honno, wrth gwrs, gan mai newydd ddechrau yn yr ysgol uwchradd oeddwn i bryd hynny. Ond fe ddes i wybod amdano ac i ddeall iddo ddod o fewn tair mil o bleidleisiau i guro Syr Rhys Hopkin Morris, y Rhyddfrydwr enwog, yn yr etholiad. Jennie Eirian oedd ymgeisydd Plaid Cymru. Yn ddiweddarach, fe ddaeth Jack yn asiant i Megan Lloyd George pan ddaeth hi'n Aelod Seneddol yn 1957, mewn isetholiad yn dilyn marwolaeth Syr Rhys. Mae'n ddiddorol nodi i Syr Rhys Hopkin Morris drechu'r Blaid Lafur trwy lai na 500 o bleidleisiau yn etholiadau 1950 a 1951. Mae brwydrau agos yn rhan o hanes etholaeth Caerfyrddin.

Wedi rhyw fân siarad digon cwrtais a chyfeillgar, ar lan y môr ym Mhenarth, gofynnodd Jack i fi,

'Beth wyt ti'n wneud dros weddill yr haf, Gwynoro?'

Dywedais fy mod yn priodi'r Awst hwnnw. Daeth ei ateb yn ôl, heb dalu dim sylw i'r hyn a ddywedais:

'Wyt ti wedi ystyried mentro i fyd gwleidyddiaeth o gwbl?'

Blaguro gwleidyddol

Roeddwn yn deall yn iawn pam roedd wedi gofyn y fath gwestiwn. Ar ôl gwybod amdano drwy bobol eraill, fe ddes i nabod Jack Evans ei hun. Roedd gen i ddiddordeb mewn gwleidyddiaeth ers yn grwt weddol ifanc a dweud y gwir. Mae'n siŵr ei fod yn yr awyr yn y rhan o Gwm Gwendraeth lle ges i fy magu. Dyma bwynt mwyaf gorllewinol maes glo de Cymru, ac yn benodol maes y glo caled, nid y glo stêm. Dyma grochan radicaliaeth y glöwr felly, lle byddai yna drafod gwleidyddiaeth ar y talcen glo, yn y siop ac yn y dafarn. Ac, wrth gwrs, roedd ardal o'r fath yn gadarnle i'r Blaid Lafur.

Ond yn fwy perthnasol i fi yn benodol, fe es i Brifysgol Caerdydd yn 1962 i astudio Economeg, Llywodraeth a Chysylltiadau Rhyngwladol. Dyna lle wnes i gyfarfod Neil Kinnock am y tro cyntaf, er nad oeddem ni wedi dod 'mlaen o gwbl. Tyfodd pellter amlwg rhyngddom a fyddai'n amlygu ei hun yn San Steffan ddegawd yn ddiweddarach. Mae'n siŵr ein bod ni'n dau ar begwn eithaf y mudiad Llafur yng Nghymru. Roedd Barry Jones yno hefyd, y darlledwr a'r sylwebydd gwleidyddol, a'r darlledwr dylanwadol Vincent Kane. Felly, roedd arlliw digon gwleidyddol i'r dyddiau coleg a'r cwrs fel ei gilydd.

Tra roeddwn i yn y Coleg, cafodd yr Arlywydd J F Kennedy ei lofruddio. Creodd hwnna gryn ysgytwad drwy'r byd. Roedd yn un o'r digwyddiadau gwleidyddol nodedig hynny sy'n digwydd nawr ac yn y man, ac sy'n eang ei ddylanwad. Anghofia i byth ymateb y Blaid Lafur ar y pryd, neu o leiaf ymateb un o arweinyddion y blaid. Ei llefarydd ar faterion tramor ar y pryd, gyda Llafur yn wrthblaid, oedd George Brown. Ymddangosodd ar y teledu i ateb yn swyddogol. Roedd yn amlwg wedi cael gormod i yfed. Gwnaeth smonach o'r cyfweliad gan greu cryn embaras i'w blaid.

Yn ystod y gwyliau haf o 1962 tan 1965, fe weithiais yn Chwarel Carmel am ddwy flynedd a gwaith glo Cynheidre am y ddwy flynedd arall. Dyna oedd gwaith caib a rhaw go iawn, gyda gweithwyr a fu yn ysgol bywyd ac oedd yn halen y ddaear. A dweud y gwir, roedd bod ysgwydd yn ysgwydd â nhw yn brofiad amhrisiadwy o ran deall bywyd bob dydd trwch y boblogaeth. Profiad gwerthfawr yng Nghynheidre yn benodol oedd bod yn rhan o'r 'senedd' oedd yn digwydd bob amser cinio yn sied saer coed fy nhad. Dyna lle clywais drafod a dadlau gwleidyddol, crefyddol a chyffredinol a dyna lle roedd lot fawr o hwyl hefyd.

Roedd fy mlwyddyn ola yn y Brifysgol yr un flwyddyn ag Etholiad Cyffredinol 1964. Erbyn hynny roeddwn i wedi dechrau bod yn fwy gweithgar yn wleidyddol yn fy milltir sgwâr. Roeddwn i'n Is-gadeirydd y Blaid Lafur yng Nghefneithin, yn aelod o Bwyllgor Rheoli Cyffredinol Etholaeth Caerfyrddin ac yn gynghorydd plwyf yn Llanarthne.

Erbyn y sgwrs gyda Jack ym Mhenarth, roeddwn i hefyd wedi ymgyrchu yn ystod Etholiad Cyffredinol 1966 a'r isetholiad enwog yn ddiweddarach yn yr un flwyddyn. Bues yn canfasio dros ymgeisydd y Blaid Lafur, Gwilym Prys Davies, ac yn erbyn Gwynfor wrth gwrs. Felly roedd e'n gwybod bod gen i ddiddordeb mewn gwleidyddiaeth, ond doeddwn i ddim wedi ystyried dilyn gwleidyddiaeth fel gyrfa o ddifri. Pan ddes i wyneb yn wyneb â Jack ar lan y môr y diwrnod hwnnw roeddwn i, wedi'r cyfan, newydd ddechrau swydd newydd yng Nghaerdydd, un oedd wrth fy modd yn broffesiynol ac un oedd yn golygu bod modd i fi fod dipyn agosach i Laura, gan ei bod hi ar y pryd yn fyfyrwraig Celf Gain yng Nghasnewydd. Dywedais hynny wrth Jack, a dyna oedd ei diwedd hi, i fi o leiaf.

Doedd ystyried gwleidyddiaeth fel gyrfa ddim yn syniad cwbl estron i fi cyn y flwyddyn honno, mae'n rhaid dweud. Mae'n amlwg i ganfasio yn ystod ymgyrch etholiad ac isetholiad 1966 greu rhywfaint o argraff arna i. Yn hwyrach y flwyddyn honno, fe wnes i ysgrifennu at y Blaid Lafur yn yr etholaeth yn gofyn iddyn nhw gefnogi fy nghais i gael fy rhoi ar gofrestr Panel B y Blaid Lafur, sef rhestr o ymgeiswyr a fyddai'n gymwys i'w hystyried ar gyfer eu henwebu i sefyll mewn etholiadau. Cafodd y cais ei roi ar agenda i'w drafod mewn cyfarfod o bwyllgor y blaid. Ond ni chafodd ei drafod, gan fod y broses o ddewis ymgeisydd i sefyll dros y blaid yn yr Etholiad Cyffredinol nesaf, pryd bynnag fyddai hwnnw, wedi dechrau. Mae'n ddigon posib, felly, bod hynny ym meddwl Jack wrth iddo eistedd yn ei gar. Ond o'm safbwynt i, roedd y cais yn perthyn i'r flwyddyn gynt a finnau wedi symud 'mlaen.

Etholaeth Caerfyrddin

Trwy'r ymgyrchu yn 1966, a thrwy straeon Jack am yr ymgyrchoedd y buodd e'n rhan ohonyn nhw, fe ddes i ddysgu cryn dipyn am etholaeth Caerfyrddin. Pan gafodd Megan Lloyd George ei dewis fel ymgeisydd y Blaid Lafur ar gyfer etholiad '57, newydd adael y Blaid Ryddfrydol oedd hi. Enillodd yr enwebiad o un bleidlais yn unig. Yr un ddaeth mor agos i gael ei ddewis yn ei lle oedd ymgynghorydd cyfreithiol yr FUW yn

21

Aberystwyth, John Morris, a aeth yn ei flaen i fod yn Aelod Seneddol Aberafan am 42 o flynyddoedd, yn Ysgrifennydd Gwladol Cymru ac yn Dwrnai Cyffredinol. Roedd dewis ymgeisydd '57 yn bleidlais agos arall a wnaeth ddylanwadu ar fywyd gwleidyddol Caerfyrddin, a hynny hefyd yn sgil marwolaeth.

Trechodd Megan Lloyd George ymgeisydd y Rhyddfrydwyr o dros dair mil o bleidleisiau yn 1957. Yn y tri etholiad wedi hynny, cynyddodd ei mwyafrif bob tro, ac fe enillodd o dros naw mil o bleidleisiau yn Etholiad Cyffredinol 31 Mawrth 1966. Yn yr etholiad hwnnw, ei nai, Bengy Carey-Evans, a Gwilym Prys Davies oedd yn rhedeg ei hymgyrch.

Erbyn hynny, roedd yn gyfrinach weddol agored ymhlith aelodau'r Blaid Lafur nad oedd y Fonesig Megan yn iach. Dywedwyd yn gyhoeddus mai feirws oedd arni, ond roedd rhai yn gwybod ei bod yn dioddef o ganser mewn gwirionedd. Ond mae'n ymddangos nad oedd ambell un yn gwybod. Yn y gyfrol *Cofio '66*, a olygwyd gan Guto Prys ap Gwynfor, mae Cyril Jones, asiant Gwynfor yn '66, yn hel ei atgofion. Cyn troi at ei sylw ar iechyd y Fonesig Megan, mae teitl ei bennod yn tynnu gwên! Cyfeiria at 'etholiad y ganrif'. Wel, wel. Dwi ddim yn siŵr ai un!lygeidiog neu ymhongar yw'r fath sylw. Yn sicr mae'n arwydd o agwedd oedd yn cael ei hymgorffori yn Gwynfor ei hun. O safbwynt Plaid Cymru, mae'n siŵr ei fod yn wir. Ond yng nghyd-destun ehangach hanes Cymru?

Beth bynnag, yn ôl at y pwynt ynglŷn â Megan Lloyd George. Yn ei bennod, dywed bod marwolaeth y Fonesig Megan yn 'sioc i bawb'. Dydw i ddim yn deall pam ei fod yn dweud y fath beth. Mae Gwilym Prys Davies yn dweud rhywbeth tebyg yn ei hunangofiant ef. Dydw i ddim yn gallu deall pam iddo wneud hynny. Roedd unrhyw un yn y Blaid Lafur oedd yn ymwneud â pheirianwaith yr etholiad yng Nghaerfyrddin ar y pryd yn gwybod yn iawn, a hynny bedwar neu bum mis cyn y diwrnod pleidleisio, nad oedd Megan Lloyd George yn dda o gwbl. Ni ddylai fod wedi sefyll yn etholiad y mis Mawrth hwnnw yn y lle cyntaf, a dyna oedd barn rhai o arweinwyr ei phlaid ei hun hefyd. Crwt deunaw oed oeddwn i ar y pryd, ac roeddwn i'n gwybod am ddifrifoldeb tostrwydd y Fonesig Megan. Ond am ryw reswm, doedd asiant Gwynfor ddim yn gwybod. Y drafferth oedd nad oedd unrhyw un yn barod i ddweud hynny wrthi hi. Doedd neb yn fodlon cymryd y cyfrifoldeb o geisio dwyn perswâd arni i beidio â sefyll er eu bod yn credu na ddylai wneud hynny. 'Mlaen â hi, felly, i sefyll fel ymgeisydd ac ennill y sedd. Doedd neb yn rhy hyderus y byddai'n parhau fel Aelod Seneddol am gyfnod hir ar ôl ei buddugoliaeth ysgubol o naw mil a mwy o fwyafrif. Ac felly y bu. Bu farw'r Fonesig Megan o ganser y fron ar 18 Mai, saith wythnos yn unig wedi ei buddugoliaeth yn yr Etholiad Cyffredinol. Cadarnhad, os oedd angen hynny, na ddylai fod wedi sefyll yn etholiad mis Mawrth. Gyda gwell cynllunio, mwy o ragweld gofalus ar ran y Blaid Lafur, ac efallai mwy o hyder i drafod y sefyllfa gyda'r Fonesig ei hun, ni fyddai angen yr ail etholiad hwnnw yn 1966 o gwbl, un a brofodd i fod mor hanesyddol i Blaid Cymru.

Ond yr oedd isetholiad i fod, a dyna ni'n bwrw ati i ymgyrchu eto yn enw yr un blaid, ond gydag ymgeisydd newydd o'r enw Gwilym Prys Davies. Roedd yn hanu o ogledd Cymru, ac ar y pryd, yn gyfreithiwr ym Mhontypridd. Roeddwn yn y cyfarfod i'w ddewis a gallaf ei weld nawr yn sefyll i wneud ei araith a'i ddwylo'n crynu wrth ddal ei nodiadau. Roedd enw arall yn cael ei ystyried ar gyfer sefyll i'r Blaid Lafur, sef bargyfreithiwr ifanc o Gynwyl Elfed, o fewn yr etholaeth, a hwnnw o'r enw Denzil Davies. Rhoddodd yntau araith hyderus a deallus. Ond roedd yn amlwg bod holl beirianwaith y Blaid Lafur yng Nghymru, o Transport House Caerdydd, y tu ôl i Gwilym Prys Davies, ac yntau gafodd ei ddewis. Hyd yn oed i fi fel gŵr ifanc pedair ar hugain oed, ac yn gymharol wleidyddol ddibrofiad, roedd yn amlwg i'r dyn anghywir gael ei ddewis i sefyll yn enw'r Blaid Lafur yn isetholiad Gorffennaf 1966.

Ond rhaid oedd sefyll yn gytûn o dan yr un faner ac fe es allan i'r priffyrdd a'r caeau i ymgyrchu dros Gwilym Prys Davies, ac yn aml gyda'r dyn ei hun hefyd. Wrth droedio heolydd Cwm Gwendraeth, daeth yn gwbl amlwg nad oedd y trigolion yn deall acen ogleddol yr ymgeisydd, heb sôn am y ffaith nad oedd yntau'n adnabod yr ardal na'r bobol. Ar ben hyn i gyd, roedd yn creu'r argraff ei fod yn ddyn oedd lled braich oddi wrth bawb arall, dyn anodd cynhesu ato, er mor alluog ydoedd. Yn y ddau beth hyn, roedd yn wrthgyferbyniad llwyr nid yn unig i Denzil Davies ond i Gwynfor Evans hefyd.

Ar ben hyn, roedd sefyllfa economaidd y wlad yn anodd iawn i lywodraeth Harold Wilson. Y flwyddyn ganlynol bu'n rhaid dibrisio'r bunt. Roedd swyddi'r diwydiant glo yn diflannu. Roedd hyn i gyd yn fwledi parod i Gwynfor. Roedd yn fodd iddo ddatblygu ei chwedl ynglŷn â pherthynas Llundain a Chymru.

Pan ddaeth diwrnod yr etholiad ei hun ar 14 Gorffennaf 1966, roedd y canlyniad yn un trychinebus i'r Blaid Lafur. Yn yr etholiad cyffredinol ym mis Mawrth y flwyddyn honno, roedd Gwynfor yn drydydd gwael, yr un safle ag yr oedd yn etholiad 1964. Tipyn o sioc oedd canlyniad Gorffennaf 1966 felly. Roedd 4,454 yn llai wedi pleidleisio nag ym mis Mawrth ac fe enillodd Gwynfor o fwyafrif o 2,436. Cynyddodd Plaid Cymru nifer ei phleidleisiau o saith mil i un fil ar bymtheg. Chwalwyd mwyafrif blaenorol y Blaid Lafur yn rhacs ac roedd gan Blaid Cymru ei Haelod Seneddol cyntaf. Roedd tro ar fyd yn hanes gwleidyddiaeth Caerfyrddin a Chymru gyfan, heb os.

Yr ymateb ymhlith ffyddloniaid y Blaid Lafur yn y dre, yn ddiamau, oedd teimlo i'r Blaid honno eu siomi'n ddirfawr wrth adael i'r Fonesig Megan frwydro etholiad mis Mawrth 1966, gan wybod nad oedd hi'n debygol o fyw yn hir iawn. Teimlai nifer iddyn nhw golli eu hymddiriedaeth yn y Blaid Lafur yn y misoedd cyn etholiad cyntaf 1966 ac yn sicr ar ôl hynny. Ond er hynny llwyddodd y Blaid Lafur i sicrhau mwyafrif o dros 9,000, ei mwyaf yng Nghaerfyrddin erioed. Petai Denzil Davies wedi cael ei ddewis ym mis Mawrth, fel y dylai fod wedi digwydd, ni fyddai'r angen am isetholiad mis Gorffennaf a byddai Gwynfor wedi aros yn drydydd gwael. Pwy a ŵyr?

Ond mae cwestiwn yn codi ynglŷn â pha mor awyddus oedd Denzil i fod yn ymgeisydd yn y lle cyntaf. Mewn llythyr at John

Morris gan Trevor Griffiths, aelod blaenllaw iawn yn y Blaid Lafur yng Nghaerfyrddin, dywed y byddai Denzil yn ddigon bodlon i fod ar y rhestr fer. Awgrym cryf nad oedd yn uchelgais oedd yn llosgi ynddo.

Ac yna, wedi i'r Fonesig farw, fe wnaethon nhw bethau'n waeth byth trwy ddewis yr ymgeisydd anghywir yn ei lle, yr ail benderfyniad anghywir o fewn rhai misoedd. Petai Denzil wedi cael ei ddewis ar gyfer Gorffennaf, byddai'r Blaid wedi cadw'r sedd heb os. Ond mwy am hynny yn y man. Roedd yn gyfnod anodd yn economaidd. O ganlyniad roedd yn gyfnod anodd i'r Blaid Lafur.

Ond nid oedd pawb yn credu bod sefyllfa'r Blaid Lafur yn anobeithiol. Dyma ddywed Syr Ifan ab Owen Edwards mewn llythyr at Cledwyn Hughes, wedi etholiad mis Mawrth 1966:

> Ymhlith y gwersi rwy wedi eu dysgu yn yr etholiad diwetha yma, mae'r un na all y Blaid Genedlaethol, o dan yr amgylchiadau presennol, fyth lwyddo fel plaid wleidyddol ac mai'r Blaid Lafur yw Plaid Genedlaethol Cymru erbyn hyn. Fe fyddai'n wych petai Gwynfor ac un neu ddau tebyg iddo yn dod atoch chi i chwyddo'r rhengoedd.

Cynnig Jack

Dyna'r cefndir ehangach i'r cyfarfod rhyngdda i a dyn oedd wedi stopio ei gar wrth fy ochr ym Mhenarth. Fy rôl yn yr ymgyrchu yn etholiad Gorffennaf 1966 oedd y sbardun, mae'n siŵr, i Jack Evans ofyn i fi ystyried bod yn ymgeisydd fy hunan.

Roedd fy ngweithgarwch yn 1966 yn fy rhoi hefyd, wrth gwrs, yng nghanol digwyddiad hanesyddol ym mywyd gwleidyddiaeth Cymru. Daeth â fi'n fwy ymwybodol o Gwynfor Evans. Roeddwn yn gwybod amdano oherwydd y cyngor sir, ond ddim yn gwybod fawr ddim mwy na hynny. Y rheswm penodol dros gwestiwn Jack Evans oedd bod y Blaid Lafur yn chwilio am ymgeisydd i frwydro yn erbyn Gwynfor yn Etholiad Cyffredinol 1970.

Doedd dim lot o gysylltiad rhyngdda i a Phlaid Cymru cyn ymgyrchu 1966. Roedd gen i ryw ymwybyddiaeth o Gwynfor Evans o 1964 ymlaen, ond doedd gen i ddim diddordeb ym Mhlaid Cymru o gwbl. Ro'n i'n adnabod dau neu dri pleidiwr yng Nghefneithin, ac yn cael tipyn o hwyl yn dadlau â nhw, naill ai ar eu haelwydydd neu ar ochr hewl. Y tri oedd y bardd Dai Culpitt, Will Rees, a Jac Davies, un hanner y ddeuawd boblogaidd Jac a Wil. Pan o'n i yn yr ysgol uwchradd, treuliais oriau hir yn nhŷ Jac yn trin a thrafod gwleidyddiaeth, er ein bod o ddau safbwynt gwahanol.

Roedd Jack Evans yn gwbl grediniol mai fi oedd yr un i frwydro yn erbyn Plaid Cymru yn 1970.

'Ma nifer ohonan ni'n credu mai ti fydde'r ymgeisydd gore.'

'Pam chi'n dweud hynny?'

'Wel, ma sawl peth o dy blaid di. Yn gynta, ti'n dod o Gwm Gwendraeth, o stoc y pwll a'r ffarm, ti'n siarad Cymraeg, wedi graddio ac ma brwdfrydedd person ifanc gyda ti.'

Dyna'r union resymeg y dylai'r Blaid Lafur fod wedi ei dilyn yn 1966 wrth ddewis rhwng Denzil a Gwilym Prys. Roedden nhw flwyddyn a mwy ar ei hôl hi, ond o leiaf wnaethon nhw ddal lan! Roedd yn amlwg i Jack feddwl cryn dipyn amdana i cyn gwneud ei gynnig. Ond wedi iddo ddweud hyn i gyd, fe ychwanegodd rywbeth oedd yn dipyn o sioc i fi, ac yntau'n dal i eistedd yn ei gar.

"Nei di ddim ennill, wrth gwrs. Bydd Gwynfor yno am flynyddoedd.'

Doeddwn i ddim cweit yn siŵr sut oedd ymateb i'r fath sylw, felly wnes i ddim. Gofynnais iddo, yn hytrach, petawn i'n ystyried bod yn ymgeisydd beth ddylen i ei wneud nesaf. Dywedodd fod angen i fi greu CV a llunio datganiad personol yn dweud pam roeddwn am fod yn ymgeisydd. Wedyn, byddai angen ysgrifennu llythyr at bob ward yn yr etholaeth, cysylltu â phob Undeb Llafur oedd yn gysylltiedig â'r Blaid, pob grŵp menywod, yn ogystal â mynd i weld rhestr o unigolion allweddol.

Roedd yr hedyn wedi ei blannu. Trodd taith hamddenol

i lan y môr yn sbardun i fi ystyried gwneud rhywbeth nad oedd yn fy meddwl cyn hynny o gwbl. Roedd fy nhaith i fyd gwleidyddiaeth amser llawn wedi dechrau, a heb yn wybod iddo fe, roedd Gwynfor yn rhan o'r gwead a arweiniodd at hynny.

A dwi'n dal ddim yn gwbod pam roedd Jack ym Mhenarth y diwrnod hwnnw chwaith!

2

Cael fy newis
a dechrau brwydro

HAWDD IAWN DYFALU beth oedd trywydd y sgwrs rhwng Arwel
a finnau yn y car ar y ffordd 'nôl o Benarth, ac yn y tŷ wedi
cyrraedd adre. Wnes i ddim cymryd yn hir iawn yn penderfynu
caniatáu i fy enw gael ei ystyried ar gyfer bod yn ymgeisydd
Llafur Caerfyrddin, yn unol â dymuniad Jack Evans. Fe wnes i
fwrw ati'n syth i wneud rhai o'r pethau eraill roedd Jack wedi
awgrymu i mi. Es ati i greu CV, llunio datganiad personol ac
anfon llythyr at 18 cangen leol o'r Blaid Lafur, 20 grŵp undebol
a 5 grŵp menywod. Fe wnes i gynnwys fy CV a dweud wrth
bob un y byddwn yn barod iawn i'w cyfarfod er mwyn cael
sgwrs ynglŷn â'r ffordd roeddwn i'n bwriadu sefyll yn enw'r
Blaid Lafur.

Roedd fy nhad yn gweithio ym mhwll glo Cynheidre ar y
pryd, ac fe awgrymodd y dylen i gyfarfod â nifer o unigolion
allweddol o'r ardal. Trefnodd sawl un o'r cyfarfodydd hynny
ar fy rhan. Roedd fy ymgyrch i gael fy newis yn ymgeisydd yn
codi stêm. Cefais lythyr gan Jack ym mis Mehefin 1967, yn
dweud bod Gwilym Prys Davies a Denzil Davies wedi dweud
nad oedden nhw'n bwriadu sefyll yng Nghaerfyrddin yn 1970
ac mai'r dyddiad cau ar gyfer yr enwebiadau oedd 9 Hydref.

Dyna ddechrau cyfnod brwd o ymgyrchu i fi, yn trio
denu cymaint o gefnogaeth â phosib. Fy araith wleidyddol
gyntaf erioed oedd honno yn Llandybïe, ger Rhydaman,
ar 6 Gorffennaf, 1967. Wedi hynny, doedd dim diwedd
ar y cyfarfodydd: ym Mrynaman, Cwmllynfell, Pont-iets,

Carwe, pob man posib yn wir. Mae un cyfarfod yn aros yn y cof. Roedd y Rose and Crown, Rhosaman, yn orlawn ar 21 Gorffennaf. Daeth yn amlwg bod yno deimladau cryf, ac yn erbyn Plaid Cymru yn benodol. Dyna'r tro cyntaf i fi gyfarfod â'r brodyr Howells ac roedd y tri ohonyn nhw, a Thomas John, yn danbaid yn erbyn y cenedlaetholwyr. Gyda llaw, David, ei frawd hŷn, oedd tad yng nghyfraith y darlledwr arloesol, Cliff Michelmore.

Y cyfarfod dewis

Llwyddais i gael cefnogaeth deg cangen o'r Blaid yn yr etholaeth, deg undeb a dwy o adrannau'r menywod. Rhoddodd hynny gryn hyder i fi. Gyda chefnogaeth o'r fath, dylai perfformiad da yn y cyfarfod dewis fod yn ddigon i fi fod yn llwyddiannus.

Pan ddaeth dydd y cyfarfod roedd tri enw ar y rhestr fer: Dr Ambrose Lloyd, meddyg teulu o Lambed, aelod o Gyngor Sir Ceredigion a Phwyllgor Iechyd Gweithredol y sir, 41 oed; Will Evans, cynghorwr dosbarth yn ardal Carwe ers dros 10 mlynedd, wedi bod yn gadeirydd ar bob un o'i bwyllgorau ac yn ysgrifennydd cyfrinfa Undeb y Glowyr ym mhwll Pentremawr, 51 oed; a finnau oedd y trydydd, yn 24 oed. Roedd chwe deg dau yn bresennol yn y cyfarfod dewis. Chefais i ddim gwybod yn union sut roedd pawb wedi pleidleisio, ond ar ddiwedd y prynhawn, fi oedd â'r mwyafrif o bleidleisiau, ac fe gefais fy newis ar ôl y rownd gyntaf.

Yn dilyn y sylw wnes i gynne, ynglŷn â ffolineb gadael i Megan Lloyd George frwydro etholiad Mawrth 1966, dwi'n gweld perthnasedd hynny i fy sefyllfa fy hun. Oni bai i bethau droi mas fel y gwnaethon nhw, fydden i ddim wedi cael y cyfle ges i i fod yn ymgeisydd seneddol fy hunan. Ar bethau fel'na mae byd gwleidyddiaeth yn troi.

Felly, yn bedair ar hugain oed, ac yn gwbl ddibrofiad yn wleidyddol, fi oedd darpar ymgeisydd y Blaid Lafur yng Nghaerfyrddin ar gyfer yr Etholiad Cyffredinol nesaf. Gyda brwdfrydedd yr ifanc, penderfynais fwrw ati i ymgyrchu yn syth ac fe ddechreuais ar ymgyrch a barodd dair blynedd, reit lan at yr etholiad. Y dyfyniad cyntaf o'm heiddo yn y papur newydd ar ôl cyhoeddi mai fi oedd yr ymgeisydd oedd hwn:

This is a seat that can definitely be won back, and given the energy, enthusiasm and will to do so, we will win this seat back for Labour. The battle is on from now on, without a doubt.

Dyna oedd yn yr *Evening Post* ar ddydd Llun 30 Hydref, a sawl papur arall hefyd mae'n siŵr.

Dewisodd y *Carmarthen Times* un ffordd ddigon gwahanol i nodi'r stori. Yn ogystal â'r erthyglau tudalen blaen arferol, penderfynodd y papur hwn, ar Ddydd Gwener 3 Tachwedd, i uno gwleidyddiaeth a chwaraeon. Yn y golofn *Talking Sport*, dan y pennawd '*R.F.C. M.P.*', tynnwyd sylw at y ffaith bod dau o gyn-chwaraewyr Clwb Rygbi Cefneithin yn brwydro yn yr un etholiad cyffredinol. Finnau, cyn-flaen-asgellwr gyda Cefen, yn etholaeth Caerfyrddin, a Carwyn James, cyn-faswr Cefen, yn sefyll yn etholaeth Llanelli yn 1970. Dyma sut mae'r stori'n gorffen:

All connected with Cefneithin RFC wish them well. Who knows, the club might benefit quite a lot if one of them is elected and becomes Minister in charge of sport!

Yn y *Carmarthen Times* hefyd, gwnaed sylw gan y newyddiadurwr Clem Thomas. Cefais fy nisgrifio ganddo fel:

24 year old home grown Welsh speaking whizz-kid with a degree in politics...

Roedd Clem yn gymeriad diddorol. Roedd yn rhan o dîm y Fonesig Megan ac yn flaenllaw yn y Blaid Lafur yng Nghaerfyrddin. Ond tua chanol y chwedegau, trodd at Blaid Cymru ac roedd yn gefnogwr brwd i Gwynfor Evans yn etholiad 1966. Cedwais gysylltiad agos iawn ag e trwy gydol fy ymgyrchu yn y blynyddoedd hyd at etholiad 1970, ac fe ysgrifennodd gryn dipyn amdana i. Ond dwi'n amau i fi ei argyhoeddi gyda'm gwleidyddiaeth chwaith!

Plaid Cymru a Llafur 1966–1970

Wrth setlo i'm gwaith fel ymgeisydd, roeddwn yn gwybod bod brwydr o 'mlaen. Yn yr etholaeth ei hun, roedd gofyn adfer sefyllfa Plaid Llafur oedd newydd gael crasfa yn isetholiad '66. Wedi sicrhau fy enwebiad, dywedais yn y cyfarfod, 'Dw i'n bendant y gallwn ennill y sedd yma yn ôl, gydag egni, brwdfrydedd a'r awydd i ennill!' Dyna a'm sbardunodd ymlaen i gadw addewid a wnes y noson honno hefyd, sef i fynd allan i'r etholaeth i gwrdd â phobol bob penwythnos lan at yr etholiad. Ac fe wnes i gadw fy addewid.

Ond roedden nhw'n ddyddiau anodd yn wleidyddol i'r Blaid Lafur y tu allan i Gaerfyrddin hefyd. Yn gynharach yn 1967 cafodd y Blaid shiglad sylweddol yn y Rhondda, o bob man. Mewn isetholiad ar ddechrau'r flwyddyn, fe ddaeth Plaid Cymru o fewn ychydig dros ddwy fil o bleidleisiau i drechu'r Blaid Lafur. Am flynyddoedd cyn hynny, roedd Llafur, yn ei chadarnle traddodiadol, wedi mwynhau mwyafrifoedd cyfforddus o rhwng un fil ar bymtheg a thair mil ar hugain. Pan ddaeth Plaid Cymru, felly, o fewn 2,467 o bleidleisiau i ennill, roedd yn sioc sylweddol.

Flwyddyn yn ddiweddarach, daeth sioc arall. Yn isetholiad Caerffili, daeth ymgeisydd Plaid Cymru, Phil Williams, o fewn 1,874 o bleidleisiau i drechu'r Blaid Lafur oedd â mwyafrif o dros 20,000 cyn hynny.

Daith tair ergyd o'r bron felly i'r Blaid Lafur: '66, '67 a '68. Caerfyrddin, Gorllewin y Rhondda a Chaerffili. Tair ardal wahanol iawn i'w gilydd ond yr un fath o neges i'r Blaid Lafur – roedd y blaid ar ei glinie. Yn ei adolygiad o lyfr Andrew Edwards, *Labour's Crisis: Plaid Cymru, the Conservatives and the Decline of the Labour Party in North West Wales 1960–1974*, dyma sut mae Dr Martin Wright o Brifysgol Caerdydd yn crynhoi'r sefyllfa gyffredinol ar y pryd:

31

Plaid Cymru, while still managing to retain the energy of a protest movement, had, by the end of the decade, developed realistic political aims, a credible economic policy and a robust local organisation. Emerging figures such as Dafydd Wigley and Dafydd Elis-Thomas represented a new realism... In some senses the 1960s marked Plaid Cymru's coming of age as a political party. The work of its general secretary, Emrys Roberts, contributed to modernisation at a national (Welsh) level, while the emergence of the radical Cymdeithas yr Iaith Gymraeg (The Welsh Language Society) allowed Plaid to focus on less controversial and more politically inclusive issues than the Welsh language. At a local level – in contrast to the Labour Party – Plaid was vigorous. The party strengthened its branch structure, developed a more active social calendar and focused upon the recruitment of the young, while the adoption nationally of a range of populist, socialistic policies allowed the party to challenge Labour on its own ideological ground. This is not to mention, of course, the impact of Gwynfor Evans' spectacular election victory at Carmarthen in 1966. Considered together, these developments suggested that by the end of the 1960s Plaid Cymru was breaking out of the culturally exclusive mould within which it had been confined since its foundation in the 1920s.

Roedd talcen caled iawn o 'mlaen i felly, yn enwedig gan fy mod yn brwydro yn un o'r tair etholaeth a nodwyd, ac yn honno lle'r enillodd Plaid Cymru.

Dechrau'r frwydr

Daeth fy sylwadau cyhoeddus cyntaf yn eithaf buan ar ôl i fi gael fy enwebu. Roedd y cyntaf, heb fawr syndod, yn ymwneud â Gwynfor Evans. Ar 17 Tachwedd, fe wnes i ymateb i sylw a wnaed ganddo. 'Roedd arwyddion pendant,' meddai Gwynfor Evans, 'y byddai'r Senedd nesaf yn cynnwys nifer sylweddol o Aelodau Seneddol cenedlatholgar o'r Alban a Chymru.' Doeddwn i ddim yn gweld bod hynny'n debygol o gwbl ac fe ddywedais hynny mewn sawl erthygl bapur newydd ac mewn areithiau cyhoeddus wedi hynny. Dyma un frawddeg sy'n crynhoi fy agwedd ar y pryd:

...my personal belief was that the Welsh people need more control over their affairs and should have an Elected Council and greater decentralisation of authority.

Ac wrth gwrs, ni wnaeth yr hyn roedd Gwynfor wedi ei ddatgan ddigwydd. Dros y blynyddoedd fe ddes yn gyfarwydd â gor-ddweud a gorliwio Gwynfor a Phlaid Cymru. Yn aml, fe fyddai'n creu rhyw fyd hud a lledrith rhywbeth yn debyg i *fake news* ein dyddiau ni!

Rhannwyd fy ail farn gyhoeddus pan wnes i dynnu sylw etholwyr Caerfyrddin at erthygl yn y *Western Mail* ar 10 Hydref oedd yn dweud bod Plaid Cymru yn dosbarthu ei llenyddiaeth yng nghapeli Cymraeg Llundain. Roeddwn i wedi bod yn bregethwr lleyg ers oeddwn i'n ddeunaw oed, ac fe wnes i barhau i fod tan i fi gyrraedd fy mhedwardegau. Roedd gen i farn amlwg ar grefydd a gwleidyddiaeth, felly, ac ar y berthynas a ddylai fodoli rhwng y ddau. Roedd gweithred Plaid Cymru yng nghapeli Cymraeg Llundain, i fi, yn croesi'r llinell. Fe wna'i ddod 'nôl eto at rôl y capeli, ac enwad yr Annibynwyr yn benodol, yng ngwleidyddiaeth Caerfyrddin yr adeg honno.

Ac yna yn hwyrach, ar 23 Tachwedd, fe wnes sylw ar fater polisi. Dywedodd yr Arglwydd Robens, Cadeirydd y Bwrdd Glo, fod angen lleihau nifer y glowyr ym maes glo de Cymru. Fe fu Robens yn gadeirydd yr NCB am ddeng mlynedd ac roedd lleihau nifer y pyllau glo yn nodwedd amlwg o'r ddegawd honno ac yntau wrth y llyw. Pan ddechreuodd gyda'r NCB roedd 698 o byllau glo dan ei ofal ond pan orffennodd yn 1971, 292 oedd yn dal ar agor. Collwyd rhyw 300,000 o lowyr yn y broses honno. Roedd crebachu'r diwydiant glo wedi dechrau digwydd sbel cyn dyddiau Thatcher. Gwleidydd Llafur oedd Robens hefyd.

Mewn ymateb i gyhoeddiad Robens, dywedais:

...if that was the Coal Board's plan then new industrial estates must be set up in the Amman, Gwendraeth and Dulais Valleys as well as the outlying areas of Llanelli, before closing the mines...

Brwydr fewnol

Doeddwn i ddim yn disgwyl y byddai'r frwydr fawr gyntaf a ddaeth i'm rhan yn dod o du fewn fy mhlaid fy hunan. Roedd yn adlewyrchiad o ysbryd y cyfnod, yr ysbryd a achosodd y trafferthion i'r Blaid Lafur rhwng '66 a '68. Pennawd y *Carmarthen Times* sy'n ei ddweud hi symlaf – *Gwynoro's Broadside*. Y stori oedd araith a wnes yn Llandeilo ar ddydd Gwener 1 Rhagfyr 1967, yn ystod digwyddiad cymdeithasol, yn galw am sefydlu Plaid Lafur Cymru swyddogol, un a fyddai'n annibynnol o'r Blaid Lafur ganolog. Creodd fy sylwadau gryn gyffro a dweud y lleiaf. Yn ogystal â sylw sylweddol yn y papurau lleol, cefais hefyd fy holi ar raglen newyddion *Heddiw* ar y BBC. Dyma i chi dameidiau o'r araith yn Llandeilo, gan ddechrau â gosodiad sy'n datgan y ddadl yn gryno:

> In accordance with my aim of voicing the claims of Wales within the Labour movement, I believe it is important that an official Welsh Labour Party was established.

Dyna ni, yn syml. Fe es ymlaen wedyn i amlinellu gwerth sefydlu'r fath beth a hynny o dan bedwar pennawd. Yn gyntaf, byddai sefydlu Plaid Lafur Cymru yn galluogi'r mudiad Llafur i gynnal Cynhadledd Flynyddol i drin a thrafod problemau oedd yn berthnasol i Gymru. Byddai modd, yn ail, i basio cynigion ar faterion yn ymwneud â Chymru. Yn drydydd, byddai'r gweithgarwch hyn yn hybu sosialaeth trwy Gymru a hynny, yn ola, yn rhoi llais i ofynion Cymru trwy'r mudiad Llafur ymhob rhan o Brydain.

Ar y pryd, roedd gan y Blaid Lafur swyddfa ranbarthol yng Nghymru ac roedd yn trefnu rali Gymreig flynyddol. Ond i fi, doedd hynny ddim yn ddigon o bell ffordd. Roedd

hynny. Daeth Gwynfor yn boblogaidd wedi 1966, do. Ond canran fechan o boblogaeth Cymru gyfan oedd yn gwybod rhyw lawer amdano, ac ar y ganran fechan honno yr oedd ganddo unrhyw ddylanwad. Roedd mwy o obaith dadlau achos Cymru trwy blaid oedd yn fwy niferus na Phlaid Cymru ac un yr oedd ganddi lawer mwy o Aelodau Seneddol hefyd. Ond roedd yna broblem oddi fewn a thu allan i'r Blaid Lafur hefyd wrth gwrs. Roedd nifer sylweddol yn wrth-Gymru, yn wrth-ddatganoli a gwrth yr iaith. Roedd yn mynd i fod yn dalcen caled. Roedd hyn yn arbennig o wir yn ardaloedd diwydiannol de-ddwyrain Cymru lle roedd hyd at ugain o Aelodau Seneddol Llafur yn gryf eu gwrthwynebiad i ddatganoli a'r iaith Gymraeg. Y ddau mwyaf ffyrnig eu gwrthwynebiad oedd Kinnock ac Abse. Roedd yr un agwedd yn Abertawe hefyd gan bobol fel Alan Williams.

Wrth ddweud yr hyn ddywedais i am y Blaid Lafur, roeddwn i wedi taro ergyd ddwbwl mewn gwirionedd. Yn gyntaf, beirniadu'r Blaid Lafur a'r ffordd yr oedd yn cael ei rhedeg yng Nghymru. Ac yn ail, gwneud sylwadau y gellid eu dehongli fel rhai cenedlatholgar, mewn cyfnod pan oedd cenedlatholdeb Plaid Cymru ar i fyny. Haws fyth wedyn creu sefyllfa lle'r oedd Llafurwyr pybyr yn credu i fi gael fy llygru gan Blaid Cymru! Cefais fy ngalw i Transport House, Pencadlys y Blaid Lafur yn Llundain, i esbonio fy sylwadau. Mae'n siŵr bod swyddogion y Blaid Lafur yn ofni i fi ddod o dan ddylanwad yr hyn ddigwyddodd yn y Rhondda ac yn etholaeth Caerfyrddin ei hun, wrth gwrs, yn '66. Oeddwn i'n cael fy nylanwadu gan yr hinsawdd wleidyddol ehangach? Dim o gwbl. Ond roedd yn amlwg bod yna bryder fy mod yn dilyn yr un trywydd â'r boi roeddwn i fod i frwydro yn ei erbyn yn yr etholiad nesaf. Doedd dim disgyblu swyddogol, dim cerydd, dim ond holi digon nerfus ac amheus. Fy neges i oedd, 'Dihunwch. Ni yw plaid Cymru mewn gwirionedd!' Doedd dim angen Plaid Cymru. Ond, yn anffodus, ar y pryd, rhyw ddeg y cant o aelodau'r Blaid Lafur yng Nghymru oedd yn gweld y sefyllfa yn y ffordd honno; pobol fel Cledwyn Hughes, Goronwy Roberts, John Morris, Elystan Morgan, Tom Ellis ac Wil Edwards oedd y rhai amlwg, blaenllaw. Roedd y ddau gyntaf yn flaenllaw iawn yn y frwydr dros Senedd i Gymru yn y pumdegau, gyda S O Davies, Merthyr, a gyflwynodd Mesur Senedd i Gymru yn 1956–57. Roedd hyn ar ddiwedd 1967, a finnau'n gyw-ymgeisydd seneddol ychydig fisoedd oed. Ond roeddwn yn argyhoeddedig mai dyna oedd ei angen ar y pryd a dwi ddim yn dyfaru yr hyn ddywedais i yn Llandeilo. Yn wir, dyna ddigwyddodd tua ugain mlynedd yn ddiweddarach. Roedd yn rhan o ddadl ehangach, dadl oedd yn dal i losgi pan ddaeth yr etholiad cyffredinol yn 1970. Ond roedd y trafod yn cyniwair sbel cyn hynny. Dod ag e i'r amlwg wnes i, oddi fewn i fy mhlaid fy hun. Dyma sut y gwnaeth Gwilym Prys Davies, y dyn gollodd i Gwynfor yn '66, grisialu ymgyrchu etholiadol '66:

...campaigning in the by-election had very little to do with traditional nationalist issues but instead was a battle between two different types of Welsh nationalism, one housed in the Labour Party and the other in Plaid Cymru.

Diddorol nodi efallai mai tawel iawn oedd Plaid Cymru ar yr holl ddadl ac ar fy sylwadau am hunaniaeth Gymreig i'r Blaid Lafur a'r egwyddorion oedd yn sylfaen iddynt.

Wnes i ddim ildio yn fy ymgyrchu dros ddiwygio'r Blaid Lafur yng Nghymru. Yn 1968, wedi'r drydedd ergyd i fuddiannau Llafur Cymru, sef isetholiad Caerffili, ysgrifennais lythyr at bapurau Sir Gâr yn galw am ymateb penodol gan y Blaid Lafur i'r hyn ddigwyddodd yno. Dan y pennawd, 'What Labour Must Do', fe wnes i ymateb yn gyntaf i ymdrech y Blaid yn yr etholaeth, gan ddweud os nad oedden nhw wedi llwyddo i gipio Caerffili pan oedd cymaint o ystyriaethau gwleidyddol ac economaidd o'u plaid y flwyddyn honno, yna doedd ganddyn nhw ddim gobaith o ennill etholiad cyffredinol yno. Wedyn, fe gynigiais air o gyngor i'r Blaid Lafur. Galwais am ymateb cadarnhaol gan fy mhlaid, yn hytrach nag ein bod yn gorffwys ar ein rhwyfau yn y gred y byddai'r pleidleiswyr yn dod 'nôl atom ni beth bynnag.

...the Labour Party should implement the policy outlined in its Election Manifesto, that is, give control for health, agriculture and education in Wales to the Welsh Office. Alongside this there is need for an Elected Council, thus ending the farce of numerous nominated committees. The Labour Party need not fear change, but rather provide the people of Wales with the ability to influence the system of government in relation to aspects of Welsh Affairs.

Mae diwedd yr erthygl yn fwy emosiynol ei hapêl. Mae'n dangos mwy o ddyfnder y teimlad y tu ôl i'r argyhoeddiadau. Mae hefyd yn dangos yn glir bod fy safiad dros Blaid Lafur annibynnol i Gymru yn deillio o ymwybyddiaeth gref mai Cymro ydw i, ac un sy'n caru ei wlad.

Hence as a Welshman within the Labour movement we must start a dialogue with our fellow countrymen – especially the younger generation, so that the appeal to emotional patriotism poured on them, is countered or mixed with reason. What is needed is an open debate before it is too late – for Wales.

3

Fietnam, rheilffordd ac ambell fom

YM MLWYDDYN ARAITH Llandeilo yn 1968 wnes i ddim cyfarfod Gwynfor Evans o gwbl. Doedd hynny ddim i ddigwydd tan yn hwyrach. Ond fe fu cyfnewid dadleuon a dechreuodd hynny o ddifri reit ar ddechrau'r flwyddyn.

Ysgrifennais erthygl hir i'r papurau lleol dan y pennawd 'Gwynfor and I are poles apart'. Dechreuais yr erthygl trwy nodi llwyddiannau'r Blaid Lafur yng Nghymru ar y pryd. Wedi gwneud hynny, cyfeiriais at Blaid Cymru. Dyma'r hyn oedd yn y *Carmarthen Times* ar 5 Ionawr 1968:

> Recently letters have been directed at some of my latest comments in the Press and reference has been made to the fact that Plaid Cymru is not anti-Labour, but it seems peculiar to me that people are able to state this and yet feel unable to give public praise to the Labour Government's achievements in Wales.

Dwi wedyn yn rhestru enghreifftiau o sut yr oedd Cymru wedi elwa oherwydd y Blaid Lafur yng Nghymru ar ddiwedd y 60au. Dwi'n sôn am grantiau a ddaeth i Gymru, gwelliannau yn narpariaeth ysbytai, ymhlith nifer o bethau eraill. Wedi dweud hynny, dwi'n troi'n ôl at Blaid Cymru.

> Finally, an article appeared in the *Carmarthen Times*, stating that Gwynfor Evans and myself appear to be almost on the same wavelength. May I state that if this inferred that both of us want the best for Wales and for Carmarthenshire, then the reference is

correct. But Plaid Cymru and myself are poles apart on the best way to achieve this.

To have complete political separation, which would have economic consequences, is not the best way of attaining a better Wales. Those who do call for a Free Wales should have a look at the hard realities of economic life.

Dyna fy safiad ar y pryd. Dyna osod y dyfroedd clir rhwng Gwynfor a fi.

Gyda'r erthygl hon mewn golwg, mae'n ddiddorol nodi sylwadau a glywais gan Elystan Morgan fwy nag unwaith ynglŷn ag agwedd Gwynfor tuag at y Blaid Lafur. Dywedodd Elystan wrtha i droeon iddo ofyn i Gwynfor beth oedd ei farn am y Blaid Lafur. Roedd hyn yn y dyddiau pan oedd Elystan ei hun yn rhan o Blaid Cymru. Cwestiwn Elystan oedd, 'A oes unrhyw beth ma'r blaid Lafur wedi ei wneud dros Gymru?' A'r ateb a ddaeth 'nôl bob tro oedd 'Dim byd o gwbl.' Mae hynny'n sylw rhyfedd, hyd yn oed o ystyried sefydlu'r Gwasanaeth Iechyd Cenedlaethol yn unig.

Mawrth 1968 oedd y tro cyntaf i fi gyfarfod â Jim Griffiths, Aelod Seneddol Llanelli ac Ysgrifennydd Gwladol cyntaf Cymru. Roedd newydd gyhoeddi ei fwriad i beidio â sefyll yn yr etholiad nesaf. Trefnwyd noson i gydnabod ei gyfraniad i wleidyddiaeth Cymru am hanner canrif a mwy. Ar y pryd, roedd sefyllfa economaidd Prydain yn arbennig o galed, ac fel dyn ifanc pump ar hugain oed, ro'n i am wneud fy nghyfraniad i'r achos. Mentrais ddweud wrth Jim, yn y cyfarfod cyntaf hwnnw, 'These are difficult times, Jim.' Roedd ei ateb yn dweud cymaint am ei brofiadau ym mlynyddoedd y locustiaid yn yr 1920au ac yna ym mlynyddoedd y rhyfel, 'Gwynoro bach, I remember difficult years!'

Yn yr un cyfarfod, dywedodd Jim Griffiths:

In the by-election, Gwynfor Evans won by gathering the protest vote against the difficulties which beset us. His vote was made up of a majority of electors who, whilst registering their protest, do not support the policies of Plaid Cymru. Labour will overcome these difficulties. This will compel Plaid Cymru to fight the next election on its own programme, which it has, so far, sought to cover up.

Mae'n werth nodi i Jim Griffiths, yn yr un cyfarfod, ddweud ei fod yn gobeithio y byddai cyngor etholedig i Gymru yn cael ei sefydlu.

Fietnam

Ymunodd Gwynfor â charfan o bobol oedd yn ymgyrchu dros heddwch ac yn erbyn y rhyfel yn Fietnam. Ymhlith y rhai gydag e oedd y Cymro Emrys Hughes, AS asgell chwith y Blaid Lafur yn un o etholaethau'r Alban.

Ers 1955, bu rhyfel rhwng Gogledd Fietnam a De Fietnam ac i gymhlethu'r sefyllfa, rhwng grwpiau amrywiol oddi fewn i'r ddwy wlad. Ymyrraeth yr Unol Daleithiau yn y rhyfel oedd achos y gwrthwynebiad mwyaf i'r hyn oedd yn digwydd yno, a hynny'n wrthwynebiad oedd bron yn fyd-eang. Teimlodd Gwynfor ei fod am ddangos cefnogaeth Cymru i'r rhai oedd yn dioddef yn y rhyfel, y brodorion oedd dan orthrwm.

Doedd Plaid Cymru ddim yn unfrydol ei chefnogaeth i fwriad Gwynfor i ymweld â'r wlad. Roedd rhai, yn naturiol ddigon, yn pryderu am ei ddiogelwch ac yn wir am ei fywyd. Ar lefel ideolegol, credai adain oedd fwy i'r dde yn y Blaid y byddai'r ymweliad yn cael ei ddehongli fel cefnogaeth i'r garfan gomiwnyddol oedd yn brwydro yn erbyn yr Unol Daleithiau. A phryder arall, oedd yn berthnasol i fi yn etholaeth Caerfyrddin, oedd y byddai ymweliad tramor o'r fath yn atgyfnerthu'r ddelwedd roedd nifer yn credu bod Gwynfor yn ei chyflwyno ohono'i hun, sef fel yr Aelod dros Gymru, rhyw fath o arweinydd cenedlaethol, yn hytrach na'r Aelod Seneddol dros etholaeth Gaerfyrddin.

Ond er gwaethaf gwrthwynebiad cryf a didwyll, o'r tu fewn a'r tu allan i'w Blaid, nid oedd Gwynfor am ildio ac fe aeth ar ei daith. Ar 3 Ionawr fe hedfanodd, yng nghwmni 25 arall, i

42

brifddinas Cambodia, Phnom Penh. Eu bwriad oedd cael fisas yn y fan honno i fynd i Fietnam. Ond nid cam ar y daith i Gwynfor oedd Phnom Penh ond ei diwedd. Chafodd e ddim caniatâd i fynd i Fietnam. Serch hynny, roedd ei gefnogwyr 'nôl adre yn cynnal cyfarfodydd gweddi yn ymbilio am ei ddiogelwch mewn gwlad lle roedd rhyfel. Fel crwt o Gwm Gwendraeth roeddwn yn cwrdd â glowyr yn aml oedd yn dweud wrtha i am y cyfarfodydd hyn ac yn chwerthin yn braf ar ôl clywed nad oedd Gwynfor hyd yn oed wedi cyrraedd Fietnam.

Ar lefel fwy gwleidyddol, roedd hwn yn gyfle euraidd i fi daro ambell ergyd i gyfeiriad Gwynfor. Wedi dod 'nôl o Cambodia, siaradodd Gwynfor gryn dipyn am y sefyllfa yn Fietnam yn gyffredinol, gan gynnwys yn Nhŷ'r Cyffredin. Dau sylw o'i eiddo wnaeth fy sbarduno i ymateb yn y wasg. Yn gyntaf, ei awgrym mai bai'r Americanwyr oedd rhyfel Fietnam, sef y sylw a wnaeth yn ystod un sesiwn o'r Senedd yn San Steffan. Ac yn ail, ei sylw'n cymharu Plaid Cymru â'r National Liberation Front yn Ne Fietnam. Roedd y ddau sylw yn gwbl wallgo.

Ar y pwynt cyntaf, rai misoedd cyn i Gwynfor geisio mynd i Fietnam, fe wnes i ysgrifennu erthygl yn amlinellu fy ymateb i'r sefyllfa yno. Mewn llythyr at olygydd y *Carmarthen Journal*, ar ddechrau Rhagfyr 1967, fe wnes i ymateb i lythyr a dderbyniais gan rywun o'r etholaeth yn fy holi am ryfel Fietnam. Dechreuais drwy ddweud fy mod yn gryf yn erbyn yr hyn oedd yn digwydd yn y rhan honno o'r byd, a bod miliynau o bobol ddiniwed yn dioddef ac yn cael eu lladd yn ddiangen. Roedd yn amlwg hefyd nad oedd un ochr yn mynd i ennill a bod unrhyw sôn am fuddugoliaeth yn siarad gwag. Roeddwn yn feirniadol o ymyrraeth America yn y Rhyfel hefyd:

America has lost the aim stated by the late President Kennedy when he said in 1963, 'In the final analysis it is their war.'

Condemniais yr Unol Daleithiau am fomio Fietnam. Ond

pwyslais fy nadl yn y llythyr at y *Carmarthen Journal* oedd bod bai ar y ddwy ochr. Ac wrth ehangu'r ddadl i sôn am wledydd eraill oedd yn cefnogi agweddau gwahanol o'r rhyfel, dywedais:

> But having expressed my opposition to the war and a condemnation of the extension of North Vietnamese cities, let me hasten to add that both sides are at fault. Let those people who march and demonstrate outside the American Embassy also make their protest known outside the Russian and Chinese Embassies, both of which supply North Vietnam with weapons and technical aid for the continuation of the war… It is useful to remember that in December 1965 the Americans stopped bombing for 36 days in the hope there would be some response from North Vietnam but this never materialised.

Mae'n amlwg i daith Gwynfor i Asia gythruddo nifer fawr o bobol, nid yn unig fi. Wedi iddo ddod 'nôl o Cambodia, cafodd gerydd swyddogol gan Bwyllgor Rhanbarth Plaid Cymru yn etholaeth Caerfyrddin. Yn yr un cerydd, mynegwyd pryder arall. Roedd yn amlwg yn ofid i Blaid Cymru bod Gwynfor yn teithio allan o'i etholaeth yn rhy aml. Gofynnwyd iddo beidio â gwneud hynny cymaint yn y misoedd a arweiniai at yr etholiad. Y gofid oedd bod angen i Gwynfor, fel unig Aelod Seneddol y Blaid, ymddwyn fel Aelod dros Gymru ac nid dros Gaerfyrddin yn unig. Yn fwy na hynny, dyna sut oedd Gwynfor yn ystyried ei hun. Roedd ei ymagweddu yn debycach i un oedd am arwain gwlad yn hytrach na'i etholaeth. A dyw hynny ddim o angenrheidrwydd yn ganmoliaeth.

Roedd ei record pleidleisio yn y Senedd yn ofnadwy. Yn ei gyfnod cyntaf yn y Senedd, bu 995 o bleidleisiau gwahanol. Dim ond 155 o weithiau mae yna gofnod i Gwynfor bleidleisio. Wrth fynd ati i ymchwilio i'r gyfrol hon, sylwais, wrth edrych ar Hansard, i fi bleidleisio mwy yn fy mlwyddyn gyntaf yn y Senedd nag a wnaeth Gwynfor yn ei holl gyfnod, o '66 i '70.

Bomiau

Roedd gwrthdaro pellach rhwng Gwynfor a fi yn ymwneud, os nad â rhyfel, yna gyda'r defnydd o drais yn enw amddiffyn egwyddorion. Dechreuodd y stori ar ddiwedd y flwyddyn flaenorol, 1967, rai wythnosau wedi i fi gael fy newis yn ymgeisydd. Gosodwyd bom yn y Deml Heddwch yng Nghaerdydd, ac fe ffrwydrodd gan achosi cryn dipyn o ddifrod. Y sôn oedd i'r bom gael ei gosod yno i ddangos gwrthwynebiad i gyfarfod oedd i fod i gael ei gynnal yn y Deml i drafod trefniadau Arwisgo'r Tywysog Charles yn 1969. Gofynnwyd i Gwynfor gondemnio'r defnydd o drais yn enw cenedlaetholdeb. Gwrthododd wneud hynny. Gofynnwyd iddo wneud hynny ar lawr y Tŷ Cyffredin hefyd. Gwrthod a wnaeth. Doedd hynny ddim yn syndod i fi. Oherwydd yn syth ar ôl ennill yr isetholiad, dywedodd yn y *Times*:

> The government does not think anyone is serious until people blow up things or shoot others.

Fy ymateb i yn y papurau lleol ocdd nodi efallai bod rhywun wedi cymryd Gwynfor Evans o ddifri.

Yn hytrach, yn y *Western Mail*, ac ar raglen deledu *Heddiw*, honnodd mai gwaith y Gwasanaethau Cudd oedd y bomio, er mwyn dwyn cywilydd ac anfri ar achos cenedlaetholdeb.

Mae enghreifftiau eraill o'r ffordd hon o feddwl. Dywedodd Elystan Morgan wrtha i droeon am stori, pan oedd yn Weinidog yn y Swyddfa Gartre, am ddyn yn cael ei ganfod wedi boddi yn Foulness, ar ddarn o dir y Weinyddiaeth Amddiffyn yn Shoeburyness. Roedd hwnnw'n gyfrifol am gyfarfod â chychod a ddeuai i'r lan i ddadlwytho cyffuriau. Cyhuddodd Gwynfor y Swyddfa Gartre a'i swyddogion cudd o fod yn gyfrifol am farwolaeth y dyn. Pan ddaethpwyd o hyd i'r corff, roedd £500 yn ei boced. Yn ôl y Swyddfa Gartre, roedd y farwolaeth yn ymwneud â phrynu a gwerthu cyffuriau. Ond y peth gwael, gan gofio'r berthynas agos rhyngddo fe ac Elystan yn y Blaid yn y dyddiau a fu cyn hynny, oedd i Gwynfor gyhuddo Elystan o fod yn rhan o guddio'r digwyddiad. Dosbarthodd Plaid Cymru gannoedd o daflenni trwy Geredigion, etholaeth Elystan, yn ei feio am fod yn rhan o'r cynllwyn. Beth mae hynny'n ei ddweud am Gwynfor?

Dwi'n gwybod yn iawn i'r ensyniad hwn siomi Elystan yn ddirfawr, hyd yn oed i'r dydd heddiw, yn enwedig mater dosbarthu'r taflenni yn ei etholaeth ei hun. Roedd Gwynfor ac Elystan, wedi'r cyfan, yn gyfeillion mynwesol am gyfnod hir pan oedd y ddau yn rhan o Blaid Cymru. Y disgwyl yr adeg hynny oedd mai Elystan fyddai'n olynu Gwynfor.

Cododd y pwynt eto ym mis Mai 1968 pan ffrwydrodd bom arall yng Nghaerdydd, y bedwaredd yn y brifddinas mewn cyfnod o ddeuddeg mis. Roedd yn rhaid ymateb. Dan y pennawd 'Produce evidence or withdraw allegations', dywedais mewn erthygl bapur newydd:

> To seriously suggest that the government finances Secret Agents to blow up its own offices in order to do the maximum damage to Plaid Cymru is irresponsible behaviour from a public figure... only a month ago, in a speech in Trimsaran, I warned the Nationalist party of the atmosphere they have helped to create in Wales where extremism and stronger action could materialise. Their choice of words on many occasions and their appeal to emotional patriotism has unfortunately been taken as an exhortation to action by certain elements in Wales.

Roeddwn i'n synnu'n fawr mai unig gonsýrn Plaid Cymru wedi'r bomio oedd effaith hynny arnyn nhw, a nhw yn unig. Doedden nhw'n meddwl am neb ond nhw eu hunain.

> They should have been aware in the first place of the damage, not to a party but to a nation; a smear on the character of a great and proud nation.

Wedi bomio'r Deml Heddwch, ar ddiwedd 1967, fe gyfeiriodd Cledwyn Hughes, Ysgrifennydd Gwladol Cymru ar y pryd, at sylwadau Gwynfor am y gwasanaethau cudd hefyd. Mewn datganiad o'r Swyddfa Gymreig dywedodd:

> Mr Evans and other members of his party have been making increasingly wild statements, but this is the worst of them all. That it is entirely unfounded is shown by the prosecution that followed earlier explosions.

Ar ôl y pedwerydd achos o osod bomiau yng Nghymru, trafodwyd y mater yn Nhŷ'r Cyffredin. Erbyn mis Mai 1968, George Thomas oedd Ysgrifennydd Gwladol Cymru a fe wnaeth agor y ddadl yn y Senedd ar 27 Mai. Wedi iddo adrodd ffeithiau'r ddau achos mwyaf diweddar, sef y ffrwydriad yn Adeiladau'r Goron, Parc Cathays, yng nghanol Caerdydd ar Mai 25 a darganfyddiad y bom yn Llyn Fyrnwy ar fore'r drafodaeth yn y Senedd, mae'n gwneud ei bwyntiau gwleidyddol, fel mae Hansard yn dangos.

> It is clear that these outrages have been committed for political reasons. The House and the people of Wales will roundly condemn this attempt at political terrorism.

Yna, mae dau Aelod Seneddol Cymreig, Emlyn Hooson o'r Blaid Ryddfrydol a Ted Rowlands o'r Blaid Lafur, yn holi ynglŷn â'r ymdrechion i ddod o hyd i'r rhai oedd yn gyfrifol am osod y bomiau. Mae'r ddau yn mynegi consýrn nad oedd yr ymdrechion yn ddigonol, gan bwysleisio bod y fath weithredu yn gwbl annerbyniol i'r rhan fwyaf o bobol Cymru. Dyma ateb George Thomas:

> I do not know whether the hon. and learned Gentleman expects my right hon. Friend the Prime Minister to act as Sherlock Holmes [Laughter]. It is patently absurd to try to criticise the Government because the police have not found the criminals. Unfortunately, on the last occasion when a man was found guilty, and sentenced to 12 months' imprisonment, the hon. Member for Carmarthen (Mr. Gwynfor Evans) issued leaflets outside the court in which he said: 'Although we do not agree with the action they have taken, we

47

cannot condemn them.' Any statement that encourages people to political violence is to be deplored.

Roedd Gwynfor yn y Senedd y diwrnod hwnnw, ac fe wnaeth ymateb:

Is the Minister aware that Plaid Cymru has condemned without reservation these outrages? [HON. MEMBERS: 'Oh.'] It has done so consistently. Is he aware that it condemns his own verbal explosion over the weekend, in which he said that Plaid Cymru had wrought havoc in the life of Wales? Will he withdraw that and apologise? Is he prepared to face the fact that the havoc has been in the Labour Party in Wales?

Ac meddai George Thomas:

The hon. Gentleman must have forgotten the leaflets he distributed at the time of the Tryweryn explosion. The leaflet he issued whilst the case was being tried said that those who blew up the transformer '… have merely tried to implement the wishes of the people of Wales…' I believe that statements of that sort have led on to these bomb outrages.

Dros y cyfnod roeddwn i'n cwestiynu safiad Gwynfor ar y bomio yn aml, yn ogystal â'i agwedd tuag at y bobol oedd y tu ôl i unrhyw weithredu treisiol. Heb os nac oni bai, roedd ei amharodrwydd i wneud safiad yn erbyn trais yn gwanhau ei ddelwedd yng Nghymru ac yn enwedig yn yr etholaeth. Petai wedi sefyll yn fwy cadarn byddai wedi cryfhau ei safbwynt ei hun, a'i safiad yn yr etholaeth. Roedd adlais gref yn dal i fodoli drwy'r etholaeth ar ôl yr hyn ddywedodd e yn y *Times* ar ôl ennill yn 1966. Gofynnwyd iddo beth oedd ei agwedd pryd hynny, a gwan iawn oedd ei ateb. Dechreuodd adeiladu croes i'w hunan yn gynnar iawn.

Roedd gwneud safiad yn erbyn gweithredu trwy drais yn magu perthnasedd ychwanegol yn yr etholaeth a'r sir yn gyffredinol, gan i'w thrigolion brofi cryn fuddugoliaeth heb ddefnyddio unrhyw drais rai blynyddoedd ynghynt.

Llwyddodd trigolion pentre Llangyndeyrn a'r ardal i rwystro'r cynlluniau i foddi'r ardal er mwyn creu cronfa ddŵr. Wedi brwydr hir gan y bobol, rhoddwyd y gorau i'r cynllun ac agorwyd argae Llyn Brianne, ger Llanymddyfri yn lle yn Llangyndeyrn. Gwnaed gwaith caled yn yr ymgyrch hon gan Jim Griffiths a Lady Megan hefyd. Felly roedd effeithiolrwydd gweithredu di-drais, ar draws y pleidiau, yn fyw ac yn amlwg i bobol y sir.

Rhaid cydnabod bod Gwynfor mewn sefyllfa anodd iawn. Ar un llaw roedd ffigwr tadol fel Saunders Lewis, ac eraill oddi fewn i Blaid Cymru fel Richard Wynne, yn dweud bod dulliau treisiol yn rhan o frwydr cenedlaetholdeb. Roedd Richard Wynne yn llefarydd ar faterion Plaid Cymru yng ngogledd Cymru. Dywedodd ar un rhaglen deledu:

History has proved that constitutional methods alone is not enough.

Anodd wedyn fyddai i Gwynfor sefyll yn erbyn hynny oddi fewn i'w blaid ei hun.

Dyna fy ymateb i i'r hyn ddigwyddodd ar y pryd. Fe aeth yr holl ddadl ymlaen am sawl blwyddyn. Hawdd peidio â gwerthfawrogi effaith y ddadl ynglŷn â gosod bomiau yng Nghymru yn y chwedegau.

Wedi i 1968 ddod i ben, fe wnes i ysgrifennu erthygl ym mis Ionawr 1969 yn bwrw golwg yn ôl dros y flwyddyn flaenorol, a hynny yng nghyd-destun y ddadl ynglŷn â bomio yn benodol. Dan y pennawd 'Plaid and the bombs', fe gyfeiriais at sylw a wnaed yn y wasg gan Blaid Cymru. Roedden nhw'n cyfeirio at ymateb George Thomas i'r bomio, ac yn dweud bod ei sylwadau yn 'causing grave concern' iddyn nhw. Doeddwn i ddim yn deall ymateb Plaid Cymru o gwbl, er ei fod yn amlwg iddyn nhw newid eu safbwynt ar y mater yn ystod y flwyddyn.

I find it extremely difficult to understand how the Nationalist Party can take a 'holier then thou' attitude. While it is encouraging to see that the Nationalists are at last eager to lower the political temperature regarding bomb outrages, there are many questions and points one would like to point out.

Do, fe wnaeth Plaid Cymru gondemnio'r bomio yn y diwedd a dechrau ymbellhau eu hunain oddi wrth weithredoedd cenedlaetholgar mwy eithafol. Ond roedd cwestiynau o hyd i'w hateb. Pam roedd e wedi cymryd mor hir i'r Blaid wneud y sylwadau hynny?

An instance of this was the reported interview in *The Times* national newspaper in July 1966, by the President of the Nationalist Party, Mr Gwynfor Evans – the day after the Carmarthen by-election. In this interview Mr Evans was asked if he thought the extremists would stop their activities since he had won Carmarthen.

Surely, here was an instance for Mr Evans to express his view on bomb outrages. But no! The answer was, 'It is up to the government'. Mr Evans then went on to state that '...the government does not think anyone is serious until people blow up things or shoot others...' Maybe someone has taken these words literally?

Hefyd yn yr erthygl, dwi'n tynnu sylw at sylwadau a wnaed gan Richard Wynne yn awgrymu bod hanes yn dangos nad yw dulliau cyfansoddiadol yn unig yn ddigonol i greu newid. Pan ofynnwyd iddo a fyddai'n fodlon plannu bom dros Gymru, ei ateb oedd 'I would have to pull up my socks and do something.'

I ask is Mr Wynne still a member of the Nationalist party whose leaders speak a different language on the extremist issue?

Dwi'n parhau â'r un pwynt, ond y tro hwn yn troi fy sylw at neb llai na Saunders Lewis. Roedd yntau newydd ysgrifennu erthygl yn y cylchgrawn *Barn* yn dweud bod safbwynt sy'n dibynnu ar ddulliau cyfansoddiadol yn unig yn 'freuddwydio afreal, plentynnaidd ac anghwrtais'.

Surely, if the Nationalist Party leaders words are to mean anything, such an utterance, even though it came from the founding father of their movement, merits the question whether Mr Lewis is also still a member of the Nationalist party?

Buodd blwyddyn gyntaf fy ymgyrchu yn un ddigon bywiog, felly, ac ar adegau yn afresymol o ffyrnig. Daeth y ffyrnigrwydd hwnnw i'r amlwg yn y llythyru cyson a ddigwyddodd rhwng aelodau'r ddwy blaid yn y papurau lleol. Roedd ambell lythyr mwy fel traethawd na llythyr arferol! Dyna fforwm dadlau gwleidyddol yn y dyddiau hynny, wrth gwrs, fel mae'r toriadau papur newydd sydd gen i yn dangos yn gwbl amlwg.

Yn y flwyddyn honno, roedd Gwynfor wedi gadael y drws led y pen ar agor i fi allu ei feirniadu oherwydd sylwadau anghyfrifol a wnaed ganddo. Dyna oedd fy argraffiadau cyntaf ohono fel gwleidydd a doedden nhw ddim yn argraffiadau da o bell ffordd.

Awgrymiadau a sylwadau personol

Fe ysgrifennais at George Thomas, Ysgrifennydd Gwladol Cymru, i awgrymu sut y dylai'r Blaid Lafur ddelio â Phlaid Cymru. Roedd fy argraffiadau yn seiliedig i raddau helaeth ar yr hyn roeddwn i wedi ei weld gan Gwynfor ym mlwyddyn gyntaf fy ymgyrchu. Mewn memo at y Swyddfa Gymreig, fe ddywedais bod angen i'r Blaid Lafur fanteisio ar yr hinsawdd 'derfysgol' roedd Plaid Cymru yn ei chreu. Teitl y memo oedd 'Suggestions'. Ro'n i am i George Thomas ystyried tri phwynt penodol:

1. The continual emphasis of the Nationalists on the 'London' or 'English' Government does create the wrong atmosphere. Such emotive words do not help.
2. Use of statements like 'freeing' Wales also lends itself to various interpretations. Especially the words used by Gwynfor Evans after he returned from Cambodia – comparing the NLF to Plaid Cymru 'fighting' for self-government.

3. Emphasis that in early 60's there was a definite silence from the Nationalist leaders regarding condemning bomb outrages.

Mae dadansoddiad Rhys Evans o hyn yn ddiddorol.

Gwnaeth hyn niwed aruthrol i Blaid Cymru, a does dim dwy-waith y buasai llwyddiant cenedlaetholdeb Cymreig rhwng 1966 a 1970 gymaint a hynny'n fwy oni bai am George Thomas a'r ensyniad parhaus bod Plaid Cymru, rywsut rywfodd, yn gyfrifol am y bomiau.

Ond fe aeth Gwynfor dipyn pellach yn ei ymosodiadau arna i. Mae cofiant ardderchog Rhys Evans yn nodi sylw a wnaeth Gwynfor amdana i. Dwi'n cofio pobol yn rhoi gwybod i fi ar y pryd beth roedd Gwynfor wedi ei ddweud. Dw i'n dyfynnu o lyfr Rhys Evans:

… gwnaeth Gwynfor y camgymeriad dybryd o'i gymryd yn ysgafn. Dyma sut y'i disgrifiodd wrth ei gyfaill Ioan Bowen Rees: 'Mae'n gwbl hunan-hyderus, ac yn boenus o "fawr" a hunan-bwysig (25 oed): tub-thumper medrus. Felly cael pobl i chwerthin am ei ben yw'r ffordd orau i'w drin.'

Dyna beth oedd troi pethau'n bersonol! Ac fe weithredodd ar ei awgrym ei hun hefyd, ar bob cyfle posib. Er enghraifft, fe awgrymodd wrth y ffrind uchod y dylai yntau ysgrifennu llythyr at y wasg er mwyn gwneud sbort am fy mhen. Hefyd, fe wnaeth Gwynfor ysgrifennu llythyr at y wasg yn fy meirniadu, ac yn nodi gwallau ieithyddol fel enghraifft o'm diffyg gallu, yn ogystal â nodi straeon yn cynnwys yr hyn yr oedd e'n eu hystyried fel hiwmor anfwriadol. Roedd yr holl agwedd hon ar ran Gwynfor yn afiach. Yn enwedig gan iddo ysgrifennu ei lythyr at y wasg yn enw rhywun arall!

Aeth ymhellach eto. Fe wnaeth yn siŵr i un stori benodol gael ei lledaenu mor eang â phosib. Cyfeiriais eisoes at y ffaith fy mod yn bregethwr lleyg ers dechrau'r chwedegau. Yn ôl Gwynfor, pan o'n i'n pregethu, roeddwn yn arfer datgan o'r pulpud, ar ddechrau pregeth, mai Gwynoro Jones o'n i a bod gen i radd mewn Economeg. Unwaith yn unig y gwnes i hynny. Yng nghapel y Methodistiaid yn Llangadog. Mae'n amlwg i fi gael cais i bregethu yno ymhell cyn i fi gael fy newis yn ymgeisydd. Wedi i hynny ddigwydd, doedd aelodau'r capel ddim yn mynd i fy rhwystro rhag mynd yno i bregethu. Ond doedd dim croeso gwresog i fi ar y Sul dan sylw, o, nac oedd. Pan gododd yr ysgrifennydd i wneud y cyhoeddiadau, wnaeth e ddim fy enwi na fy nghroesawu o gwbl. Roedd hynny'n anghwrtais tu hwnt ac yn gwbl groes i'r drefn arferol. Felly, wedi i'r casgliad ddod i ben ac i finnau sefyll ar fy nhraed am y tro cyntaf ers y cyhoeddiadau, fe wnes i gyflwyno fy hun. Do, fe wnes i ddweud fy enw – am nad oedd yr ysgrifennydd wedi gwneud hynny. Ac yna fe gyflwynais grynodeb o bwy o'n i. Dyna'r unig dro i fi wneud y fath beth ac roedd rheswm penodol dros wneud hynny. Mae'r ffaith i Gwynfor droi'r stori honno at ei ddefnydd gwleidyddol ei hun yn gywilyddus ac yn siomedig. Mae'n dweud cryn dipyn am y ffordd yr oedd yn gweithredu.

O bosib, hon yw'r enghraifft fwyaf siomedig o'i agwedd. Yn llyfr Gwynfor, *For The Sake Of The Nation*, mae'n cyfeirio at y cyfnod ar ôl iddo gael llawdriniaeth, mewn ysbyty yn Middlesex, ychydig cyn yr etholiad ac yn dweud hyn:

Gwynoro confidently forecast that I had only six months to live.

Ni ddywedais y fath beth erioed. Fydden i byth yn gwneud sylw o'r fath ynglŷn ag unrhyw un. Roedd digon o siarad nad oedd Gwynfor yn iach, ond dyna oedd dechrau a diwedd y sylwadau.

Wyneb yn wyneb am y tro cyntaf

Yn gynnar yn 1968 roedd cau rheilffyrdd yn bwnc llosg go iawn. Cyhoeddwyd cynlluniau i gau'r rheilffordd oedd yn mynd trwy ganol Cymru, ymhlith eraill. Trefnwyd dirprwyaeth i ymweld

â'r Swyddfa Gymreig i drafod sut yr oedd y cynlluniau hyn
yn mynd i effeithio ar Sir Gaerfyrddin a gweddill gorllewin
Cymru. Roedd cynrychiolwyr o'r awdurdodau lleol, undebau'r
rheilffyrdd a defnyddwyr y rheilffyrdd yn y ddirprwyaeth,
yn ogystal â Jim Griffiths, Aelod Seneddol Llanelli, Elystan
Morgan a Desmond Donnelly. Roedden nhw yno i gyfarfod
â'r Ysgrifennydd Gwladol, Cledwyn Hughes. Ond doedd
Gwynfor, fel Aelod Seneddol Caerfyrddin, ddim yno. Roedd yn
rhaid gofyn lle roedd e. Beth oedd yn fwy pwysig na dyfodol y
gwasanaeth rheilffordd yn ei etholaeth ei hun? Yr ateb? Cinio
gyda'r Foreign Press Association yng Ngwesty'r Dorchester,
Llundain! Cyfle euraidd arall i fi wneud fy mhwynt yn y wasg
ac mewn cyfarfodydd amrywiol.

Roedd pwnc llosg lleihau nifer y pyllau glo yn berwi drwy'r
chwedegau hefyd, a nawr roedd Beeching yn sôn am gwtogi
rheilffyrdd. Dyma ddau fater arall, ynghyd â dibrisio'r bunt
a nodwyd eisoes, oedd yn cyfrannu at y trafferthion roedd y
Blaid Lafur yn eu hwynebu wrth i'r ddegawd nesáu at Etholiad
Cyffredinol 1970. Ond yn lle manteisio ar hynny, dyma Gwynfor
eto yn gwneud un o'i osodiadau arwynebol ac anghyfrifol.
Dywedodd petai'r llinell reilffordd rhwng Caerfyrddin ac
Aber yn cau, yna dyna fyddai diwedd stesion Caerfyrddin!
Am ddweud twp! Roedd yn amlwg wedi anghofio bod stesion
Caerfyrddin yn ganolog i'r gwasanaeth o Lundain i orllewin
Cymru.

Roedd Gwynfor wedi gwneud nifer o sylwadau ynglŷn â'r
toriadau i'r gwasanaeth rheilffordd yng Nghymru cyn diwrnod
y cyfarfod yn y Swyddfa Gymreig. Ond roedd ei flaenoriaethau
yn amlwg yn dra gwahanol ar y diwrnod hwnnw. Ond daeth y
stori honno ag un agwedd o bersonoliaeth Gwynfor i'r amlwg
unwaith eto. Roedd fel petai'n gwbl anymwybodol, ac yn ymylu
ar fod yn ansensitif, o unrhyw sylwadau negyddol a beirniadol
a wnaed amdano.

Wedi'r cyfarfod yn y Swyddfa Gymreig, daeth y cyfle
cyntaf i fi weld Gwynfor wyneb yn wyneb. Doeddwn i ddim
wedi ei gyfarfod o gwbl tan Ebrill 1968. Undeb Cenedlaethol

y Gweithwyr Rheilffordd oedd wedi trefnu'r cyfarfod, a hynny dan y teitl 'Save the Central Wales Line'. Daeth rhai cannoedd at ei gilydd i Lanymddyfri ar y bore Sadwrn. Roedd yna fwriad i gau gorsaf y dre. Roedd yn glir o'r dechrau nad oedd y cyfarfod yn un pleidiol wleidyddol. Roedd rhychwant eang o siaradwyr yno a'r rheini o sawl plaid wahanol. Roeddwn wedi paratoi araith ar gyfer y cyfarfod ar y seiliau hynny. Y ffocws oedd cau rheilffordd a gorsaf a'r effaith fyddai hynny'n ei chael ar gymunedau. Dyna oedd yr ystyriaeth bwysicaf i bawb.

Roeddwn yn rhannu'r un llwyfan â Gwynfor, a nifer o siaradwyr eraill. Ond roedd ei agwedd yntau at y cyfarfod yn wahanol i un pawb arall. Trodd y cyfan yn frwydr bleidiol. Dechreuodd ei araith trwy ymosod yn chwyrn ar y Blaid Lafur a'r Prif Weinidog Harold Wilson. Roedd hi'n amlwg mor bell ag oedd y Blaid Lafur yn y cwestiwn, meddai, bod Cymru yn benrhyn y gellid ei ddiystyru a'i ddyfodol yn ddim byd mwy na maes chwarae i bobol o Loegr. Fe'm cythruddwyd gan y fath agwedd a'r sylwadau penodol a wnaed ganddo. Codais ar fy nhraed a dal fy nghopi o'r araith roeddwn yn bwriadu ei thraethu i fyny yn yr awyr uwch fy mhen. Dywedais fy mod wedi paratoi araith nad oedd yn un wleidyddol na phleidiol ei naws. Ond yn sgil agwedd ymosodol, gwbl bleidiol Gwynfor Evans, roeddwn wedi newid fy meddwl am ei rhannu. Rhwygais fy araith yn ddwy o flaen pawb. Fe gyflwynais araith heb nodiadau, gan ymosod ar Gwynfor, oedd yn eistedd drws nesaf i fi. Os oedd Gwynfor o ddifri yn credu mai person arwyncbol ac ysgafn o'n i, dwi'n credu iddo sylweddoli fel arall y bore hwnnw.

Arweinwyr Llafur yn fy milltir sgwâr

Ym mis Mai 1968 daeth cyfle i groesawu un o arweinwyr y Blaid Lafur i Gwm Gwendraeth. Roedd dros 200 yn neuadd Ysgol Maes yr Yrfa ym mhentre Cefneithin i glywed Ysgrifennydd Gwladol Cymru, George Thomas, yn traddodi ei anerchiad cyntaf ers cael ei ddewis i fod yn aelod llawn o Gabinet y llywodraeth. Dyna'r tro cyntaf i fi ei gyfarfod erioed.

O'r dyddiau hynny ymlaen, cafwyd cyfarfodydd rhyngom yn fwy cyson, ac fe ddechreuodd, er enghraifft, ddod i gartre fy mam-gu a fy rhieni i gael coffi. Gwraidd ein cydweithio oedd gwrthwynebiad at genedlaetholdeb Plaid Cymru, efallai ein bod ni'n dod at hwnnw o wahanol begynau, ond roedd yn frwydr oedd yn ein huno. Dyna oedd un o'i gyfraniadau – tan i chi ddod wyneb yn wyneb â'r George go iawn. Ond mwy am hynny yn y man.

Y cyfarfod hwnnw ym Maes yr Yrfa oedd yr achlysur pan ddefnyddiodd George Thomas y term 'best friend of Wales' wrth sôn am y Prif Weinidog Harold Wilson. Roedd yn ymadrodd da, ac yn un manteisiol iawn i'w ddefnyddio yn etholaeth Caerfyrddin. Yr ail beth dwi'n ei gofio o'r cyfarfod hwnnw yw ei bwyslais ar y ffaith bod yr ymwybyddiaeth o genedl yn rhywbeth oedd yn goresgyn gwleidyddiaeth. Roedd yna genhedlaeth newydd o Aelodau Seneddol, meddai, oedd yr un mor wladgarol tuag at Gymru ag unrhyw genedlaetholwr.

Defnyddiais yr achlysur hwn i ailadrodd fy sylwadau ynglŷn â'r angen i sefydlu Plaid Lafur Gymreig ac i alw am ddatganoli mwy o rym o San Steffan i'r Swyddfa Gymreig, yn benodol ym meysydd amaeth ac iechyd. Roedd Jim Griffiths wedi gwneud sylwadau tebyg y flwyddyn honno hefyd.

Mae'n anodd credu, lai na blwyddyn wedi cyfarfod Maes yr Yrfa, y byddai pynciau y Blaid Lafur Gymreig ac ehangu datganoli yn dod yn destunau dadlau ffyrnig a chwerw rhwng George Thomas a fi.

Dau gyfarfod

Roedd dau achlysur arall pan roddodd Gwynfor gyfleon gwych i fi ymosod arno oherwydd ei ddiffygion yntau. Mae'n anodd credu iddo fethu ymddangos mewn cyfarfodydd allweddol yn ei etholaeth fwy nag unwaith. Dyma ddwy enghraifft.

Galwyd cyfarfod cyhoeddus i wrthwynebu cau pyllau glo ac i alw am agor unedau diwydiannol newydd yn Rhydaman pe bai pyllau yn gorfod cau. Mewn cyfarfod yn y dre honno, roedd Ysgrifennydd Cymru yn bresennol, cynrychiolwyr y glowyr a'r Bwrdd Glo, Denzil Davies a finnau ymhlith nifer eraill. Ond doedd Gwynfor ddim yno. Anodd derbyn hyn yn sgil ei gyhuddiadau cyson yn erbyn y Blaid Lafur ar y pwnc hwn, ond eto i gyd, pan oedd gofyn uniaethu â'r frwydr ar lawr gwlad, doedd dim golwg ohono.

Roedd yr ail gyfarfod yn Neuadd y Sir, Caerfyrddin. Roedd George Thomas yno a'r bwriad oedd ei lobïo i gyflymu'r broses o greu heolydd newydd yn y sir. Dyma bwnc arall roedd Gwynfor wedi gwneud lot o sŵn yn ei gylch. Ond doedd e ddim yn y cyfarfod. Y rheswm a roddwyd ganddo oedd bod angen iddo gadeirio sesiwn i gynhadledd Plaid Cymru yn Aberystwyth. I fi, dyna'r gôl yn agor o 'mlaen!

…there was an excellent opportunity to leave the Secretary of State in no doubt as to the feelings of Carmarthenshire people… Far too often we have experienced that the constituency MP has his priorities completely out of line.

Awgrymais y gallai fod wedi gadael Aberystwyth am rai oriau er mwyn bod yn ei etholaeth ar gyfer cyfarfod mor bwysig. Pan ddaeth Gwynfor i glywed am fy sylwadau, daeth yr ateb 'nôl:

On the question of roads, I have made it a national issue in Wales. I have said so much about the issue that I have earned myself the nickname, 'Gwynfor dual-carriageway'.

Mwy cywir dweud mai nid haeddu'r fath lysenw wnaeth e, ond ei greu ei hun.

Edrych 'nôl

Mewn erthygl bapur newydd arall ym mis Ionawr 1969, edrychais 'nôl unwaith eto dros 1968. Ond y tro hwn, fe wnes i asesu dylanwad y Blaid Lafur ar ymgyrchu gwleidyddol y flwyddyn honno. Mae'n amlwg i fi gredu bod newid arwyddocaol iawn wedi digwydd yn yr etholaeth.

Last year witnessed in the Carmarthen constituency the period when people no longer took the emotional appeal of nationalism as any answer for Wales' problems.

Credais i'r Blaid Lafur lwyddo yn '68 i fywiocáu ac i gyfrannu unwaith eto i fywyd gwleidyddol yr etholaeth. Roedd hynny'n galonogol tu hwnt. Ond dwi hefyd yn dweud bod angen wynebu nifer fawr o broblemau o hyd. Ymlaen at 1969 felly!

4

Croeso chwe deg nain

DECHRAU DIGON TAWEL fuodd i 1969 i fi'n bersonol. Ond dechreuwyd ymgyrch ar ddiwrnod cyntaf mis Ionawr a fyddai'n magu arwyddocâd cynyddol wrth i'r flwyddyn fynd rhagddi. Dyna pryd dechreuodd Cymdeithas yr Iaith baentio arwyddion ffyrdd. Roedd yn frwydr a fyddai'n rhwygo nid yn unig y Cymry Cymraeg a'r di-Gymraeg ond hefyd a greodd rwyg oddi fewn i'r Cymry Cymraeg eu hiaith. Roedd y bomio wedi gwneud hynny eisoes ac fe fyddai'n parhau i wneud hynny. Ac yn '69 roedd digwyddiad arall a fyddai'n peri polareiddio pellach. Ond fe ddown at hwnna yn y man.

Ar ddechrau'r flwyddyn fe wnes ambell araith ac ysgrifennu ambell erthygl i bapurau newydd oedd yn cyfeirio at faterion yr oeddwn i'n credu eu bod yn ganolog i etholaeth Caerfyrddin. Dyma'r cyfnod wnes i ddefnyddio'r term 'Druids of Despair' i ddisgrifio'r bobol oedd yn rhy barod i ladd ar Gymru ac i fod yn gwbl negyddol ynglŷn â'i sefyllfa economaidd. Y 'Druids of Despair' gwaethaf oedd y rheiny a symbylwyd gan wleidyddiaeth bleidiol.

> I am sure that the people of the Principality are fed up with the politically motivated opportunists who are not prepared to concede that the Government has done more for Wales than any previous administration.

Fel'na oedd hi i fi, yn syml. Cafodd Cymru fwy gan lywodraeth Wilson ar ddiwedd y chwedegau nag a gafodd dan unrhyw arweinydd arall. Yn un peth, roedd nifer o aelodau'r cabinet yn ymweld â Chymru yn weddol reolaidd yn ystod yr adeg hynny. Barbara Castle, er enghraifft, yr Ysgrifennydd dros Gyflogaeth, a Harold Wilson ei hun, yr un a alwyd yn ffrind gorau Cymru gan George Thomas. I raddau roedd yn iawn, o'i gymharu â Phrif Weinidogion cyn hynny cafodd Cymru fwy o sylw gan Wilson. Dros gyfnod o ryw saith mlynedd, o 1968 tan 1974, fe ddes yn lled agos ato. Daeth i Gaerfyrddin dair gwaith. Ond mae'n siŵr mai dechrau'r berthynas agos rhyngom oedd adroddiad wnes i ei baratoi ar etholaeth Caerfyrddin.

Penderfynais y byddai'n beth da i fi wneud gwaith ymchwil manwl i sefyllfa economaidd iechyd, trafnidiaeth, amaethyddiaeth, twristiaeth ac ati yn etholaeth Caerfyrddin ac fe baratois adroddiad deuddeg tudalen, mewn ymgais i dynnu nifer o ffactorau amrywiol at ei gilydd, rhai oedd yn dylanwadu ar gyfoeth yr etholaeth. Mae'r adran gyntaf yn trafod sefyllfa'r ardal ar y pryd ac yn nodi pedair prif broblem oedd yn wynebu'r etholaeth: rhwydwaith y ffyrdd, swyddi newydd, amaethyddiaeth a thwristiaeth.

Roedd yn gwbl amlwg bod angen gwella'r ffyrdd drwy Sir Gâr i gyd. Dyma faes lle y gwnaeth Gwynfor enw iddo'i hunan, neu'n hytrach, lle y creodd enw iddo'i hunan, y Gwynfor *Dual Carriageway* bondigrybwyll! Mae'n rhyfedd bod aelodau Plaid Cymru yn dal i ddefnyddio'r enw yna, fel y gwnaeth Adam Price yn y misoedd diwethaf. Mae'n un rhan o'r chwedloniaeth sydd wedi tyfu o gwmpas Gwynfor. Dwi ddim yn credu i Gwynfor astudio'r ffeithiau am sefyllfa heolydd y Sir, na gwneud dadansoddiad manwl o'r hyn oedd angen – er mai fe oedd yr Aelod Seneddol. Ac yn sicr, doedd e ddim wedi prisio'r gwaith oedd ei angen i leddfu llif y traffig, yn enwedig yn nhre Caerfyrddin ei hun. Gweld cyfle wnaeth Gwynfor i gydio mewn achos lle roedd eraill wedi gwneud y gwaith, a hynny mae'n siŵr er mwyn iddo gadw rhywfaint o afael ar faterion etholaethol, yn hytrach na'i gariad cyntaf, sef bod yn Aelod dros Gymru!

Ym mis Awst 1969, er enghraifft, fe anfonais femorandwm at George Thomas, fel Ysgrifennydd Gwladol Cymru, yn amlinellu cynllun clir i ddelio â phroblem draffig Caerfyrddin. Yn y cyfnod hwnnw, gallai gymryd dros awr i fynd drwy'r dre, ac roedd hynny'n boen llwyr i'r trigolion lleol a'r twristiaid oedd ar eu ffordd i'r gorllewin. Yn fy adroddiad, amlinellais gynllun 10 mlynedd, ar gost o £30 miliwn. Roedd yr awgrymiadau'n cynnwys creu ffordd osgoi i Gaerfyrddin, Pontarddulais, Sanclêr, Llandeilo, Llanymddyfri a Rhydaman. Yn hwyrach yn y mis hwnnw, wedi ymweliad Harold Wilson â'r dref, cyhoeddodd y llywodraeth y byddai pont Bailey yn cael ei chodi dros dro ar draws afon y dre.

Dyna oedd fy maes i, ymchwil marchnata, ac roedd dadansoddi'r ffactorau hyn yn fêl ar fy mysedd. Roedd fy adroddiad yn cynnig awgrymiadau ar ba waith oedd ei angen ar ba ffyrdd yn yr etholaeth, yn ogystal â chostau gwneud y gwaith hwnnw. Roeddwn i hefyd yn trafod yr angen i ddenu diwydiannau newydd i'r ardal, yn sgil gwanhau'r diwydiant glo, ac yn argymell codi unedau ffatri bychain mewn sawl man. O ran amaethyddiaeth, roedd y sefyllfa yn wael, a dweud y lleiaf. Wedi i fi orffen yr adroddiad, dywedais mewn erthygl yn y *Carmarthen Times* ym mis Chwefror 1969:

Coming from an agricultural background with many relatives closely connected with farming I am becoming increasingly aware of the fact that Agricultural policy will be one of the most important issues of the next election.

Ac wrth drafod effaith cenedlaetholdeb Plaid Cymru ar amaethyddiaeth, dyma sut yr oeddwn i'n ei gweld hi:

I recently cited the case of the milk transport costs problem as an excellent example as to why Wales should not be independent from England. Welsh farmers are able to object vigorously to the claims of South East England, but a separate English government would automatically give preference to the South East.

Roedd ffyrdd, amaethyddiaeth, diwydiannau newydd a thwristiaeth i gyd ynghlwm yn ei gilydd wrth gwrs. Roedd mwy a mwy o bobol yn gorfod teithio ymhellach i'r gwaith o ardaloedd cefn gwlad. Roedd mwy a mwy yn dod i'r sir fel ymwelwyr. Roedd angen gwell ffyrdd, mwy o waith lleol a gwell darpariaeth i'r dwristiaeth newydd a ddeuai i'r ardal. Cyflwynais adroddiad oedd yn trafod yr holl faterion hyn i Harold Wilson. Dwi'n gwbl sicr nad oedd Aelod Seneddol yr etholaeth ar y pryd wedi paratoi unrhyw beth tebyg. Nid dyna oedd natur ei berthynas â'i etholaeth.

Callaghan a'r babi cyntaf

Roeddwn yn eistedd wrth fy nesg yng Nghaerdydd, un bore ym mis Mawrth, pan ddaeth galwad annisgwyl yn gofyn i fi fynd i weld Cadeirydd Nwy Cymru, Mervyn Jones. Doedd pobol ar fy lefel i yn y cwmni ddim yn cael ceisiadau fel'na ac roedd pob math o gwestiynau yn troi yn fy mhen wrth i fi gerdded i'w swyddfa. Roedd mwy o sioc yn aros amdana i wedi i fi gyrraedd.

Dywedodd Mervyn Jones wrtha i ei fod wedi derbyn galwad ffôn gan Jim Callaghan, Aelod Seneddol De-ddwyrain Caerdydd a'r Ysgrifennydd Cartre yng nghabinet Harold Wilson ar y pryd. Roedd wedi gofyn i Nwy Cymru a fydden nhw'n fodlon fy rhyddhau o'm swydd er mwyn fy mhenodi yn Swyddog Ymchwil a Chysylltiadau Cyhoeddus y Blaid Lafur yng Nghymru. Ar ben hynny, roedd Callaghan hefyd wedi gofyn am sicrwydd gan Mervyn Jones y bydden i'n cael fy hen swydd yn ôl petawn i'n colli Etholiad Cyffredinol 1970. Cytunodd Mervyn Jones i'r cais a'r amod. Dyna beth oedd sioc i fi!

Felly gadawais Nwy Cymru a throi at waith oedd wrth fy modd. Roedd, mewn un ffordd, yn gam ar hyd y llwybr wnes i ei olrhain wedi cael fy newis yn ymgeisydd, sef pwysleisio bod angen creu Plaid Lafur Cymru. O leiaf nawr roedd gen i gyfrifoldeb dros un agwedd amlwg o waith y Blaid a hynny trwy Gymru gyfan.

Yr adeg yma hefyd roedd Laura a finnau'n disgwyl ein plentyn cyntaf. A hithau'n disgwyl unrhyw ddydd, unrhyw awr, cefais fy ngalw i gyfarfod â George Thomas yn Gwydir House yn Llundain. Bu cryn drafod a ddylen i fynd ai peidio, ond roedd Laura'n hapus i fi wneud. Cerddais i fewn i swyddfa George, a chyn i fi eistedd lawr, canodd y ffôn. Atebodd George ac yna trodd ata i, 'You'd better go home, Gwynoro!' A 'nôl â fi i Gaerdydd yn syth. Ganwyd plentyn cyntaf Laura a fi, Glyndwr Cennydd. Roedd yn newid byd go iawn y mis hwnnw!

Roedd yn gyfnod o orfod ymroi yn llwyr i waith yr etholaeth, a hynny law yn llaw â'r cyfrifoldebau teuluol newydd. Roeddwn i ar un llaw yn ymhyfrydu yn nyfodiad fy mhlentyn cyntaf ond hefyd yn parhau â fy ngwaith brwdfrydig yn yr etholaeth. Sylwodd eraill ar y gweithgarwch hwnnw. Dyma oedd gan Gwyn Charles, llywydd y Blaid Lafur yn yr etholaeth, i'w ddweud am fy ngwaith canfasio:

> Indeed never can I recall a candidate in this constituency in the last twenty years being so prepared to go out and meet the people. The response to this energetic young man has been very favourable.

Roeddwn wedi penderfynu, wrth ddechrau'r swydd, y bydden i'n mynd i ymweld â phwyllgor gwaith y Blaid Lafur ym mhob etholaeth yn Ne Cymru ddiwydiannol. Roedd y Blaid, a bod yn onest, wedi eistedd ar ei thin am rhy hir o lawer. Wrth i fi droi lan ym mhob cyfarfod pwyllgor gwaith, yn ddieithriad, fe fydden i'n lwcus i weld hanner dwsin yno, lle dylai fod deg ar hugain. Roedd yn agoriad llygad, ac yn siom aruthrol i fi. Hawdd oedd digalonni. Roedd gan y Blaid Lafur broblem fawr. Roedd yr aelodaeth yn ddifater a'r Aelodau Seneddol yn mynd yn hŷn. Daeth yn amlwg bod angen gwella'r ddelwedd i hyrwyddo'r blaid. Rhan o'r broses honno oedd ymweld â George Thomas bob pythefnos i gasglu gwybodaeth ar gyfer erthyglau a thaflenni ac ati. Fe wnes i greu rhestr o 200 o bobol yn y 36 etholaeth, rhai a allai ysgrifennu at y papurau newydd pan fyddai angen a hynny ar rychwant eang o bynciau. Doedd dim awydd ar ran y blaid ar y pryd i wneud unrhyw waith cyhoeddus, yn enw unrhyw hyrwyddo na denu aelodau. Doedd dim angen iddyn nhw. Roedd 32 o'r 36 sedd yng Nghymru yn nwylo'r Blaid Lafur. Fy ngwaith i oedd adfywio'r sefyllfa i wneud yn siŵr mai nid apathi fyddai'n cario'r dydd. Mae'n amlwg iddyn nhw sylwi i fi wneud gwaith tebyg yn fy etholaeth fy hun ac ro'n nhw am ehangu'r gweithgarwch hwnnw trwy Gymru. Yn sicr fe wnes i hynny ac fe ddechreuon ni gyhoeddi papur chwarterol o'r enw *The Radical*. A chynhyrchu taflen ar gyfer pob etholaeth hefyd, rhywbeth rydym ni'n ei gymryd yn ganiataol y dyddiau hyn.

Daeth hwb ychwanegol i fy hyder cynhenid pan gyhoeddwyd pwy oedd ymgeisydd y Blaid Ryddfrydol ar gyfer yr etholiad cyffredinol nesaf. Penderfynodd y blaid honno ddewis Huw Thomas i sefyll ar ei rhan. Daeth Huw Thomas yn enw cyfarwydd trwy Brydain oherwydd mai fe oedd prif gyflwynydd newyddion ITN ar y pryd. Fe oedd Huw Edwards ei ddydd. Yn ei araith gyntaf fel ymgeisydd, a rhyw 300 o bobol yn bresennol, ymosododd yn chwyrn ar Blaid Cymru ac ar Gwynfor Evans yn benodol:

How dare this man say that he speaks for Wales, how dare he speak on behalf of all Welsh people?

Cyfeiriad oedd hwn, wrth gwrs, at deitl Gwynfor fel yr Aelod Dros Gymru.

Dyna ddechrau brwydr ffyrnig rhwng Huw Thomas a Gwynfor. Nid y fi oedd yr unig un oedd yn cymryd rhan yn y fath frwydr felly! Un o ymosodiadau Huw Thomas oedd y canlynol:

Who do these people think they are? You get the same symptoms wherever you have nationalism. You have only got to look back to Nazi Germany to see the same sort of thing. The Nazis were arrogant and intolerant of everybody... Violence is to be seen in Wales at the moment and the violence we are experiencing is going to get worse. These violent people are Welsh Nationalists. They are not Liberals, Tories or Socialists.

Wedi'r fath sylw, newidiodd Gwynfor ei arfer o adael i eraill ateb drosto. Atebodd Huw Thomas yn uniongyrchol. Roedd hyn yn fêl ar fysedd Huw. Dan y pennawd 'Slanging Match Continues', mae'r *Carmarthen Times* yn cyhoeddi llythyr oddi wrth Huw Thomas.

I am encouraged that my first attack on the Nationalists should have caused Mr Gwynfor Evans to break his usual practice of 'not replying in the press to vulgar abuse by opponents'. It must surely mean that those of my points reported in the press must have been true and the truth hurts, otherwise why did he not leave it to the intelligence and experience of Carmarthenshire people to determine whether I was 'violent and extreme' or whether in fact what I said was worth saying.

Indeed, it has bought forth another spate of his usual arrogant mis-statements, and I will not allow a foreigner – a Barry man – to hoodwink my fellow county men and women.

O'm safbwynt i, roedd rhywun arall nawr yn gwneud yr un fath o safiad yn erbyn Gwynfor, ei bolisïau a'i agwedd ymhongar.

He says the only people who put loyalty to Wales first are those who choose to live in Wales. Where do I start to deal with this further example of arrogance?

Very few Welshmen, including myself would choose to live in a grim industrial city like London. Even Mr Evans was heard to remark recently that he much prefers to spend his time in Carmarthenshire. Who can blame him for saying this? Nearly every Welshman wherever he has had to find a job outside Wales would willingly change lots with Mr Gwynfor Evans. A wonderfully big modern house with a lovely view of the Towy Valley and a prosperous pleasant market gardening business. If all Welshmen would have been in a position to do this – what heddwch!

Roedd sylwadau Huw Thomas yn taro deuddeg heb os. Ac i fod yn berffaith onest, dwi'n gwybod o brofiad a thystiolaeth ar lafar, mai dyna oedd agwedd nifer o bentrefwyr Llangadog, yn enwedig y bobol oedd yn gweithio i Gwynfor ac yn byw ar stad tai cyngor y pentre. Clywais dro ar ôl tro, ar stepen drws wrth ganfasio, bobol yn cwyno am y modd yr oedden nhw'n cael eu trin a'u talu. Does gen i ddim tystiolaeth uniongyrchol o hynny, ond dwi'n gwybod i sicrwydd i fi glywed hynny yn gyson yn ystod cyfnod yr ymgyrchu. Roedd un o gynghorwyr yr ardal yn dod ata i'n lled aml er mwyn rhannu'r cwynion roedd e'n eu derbyn gan bobol oedd yn gweithio i'r busnes. Gofynnodd am fy nghyngor ar un pwynt canolog oedd yn codi o'r hyn yr oedd y gweithwyr yn ddweud wrtho, sef consýrn nad oedd undeb i'r gweithwyr yng ngwaith Gwynfor. O ganlyniad doedden nhw ddim yn gallu achwyn am unrhyw beth.

Roeddwn i'n teimlo'n anghyfforddus yn codi'r mater yn gyhoeddus, mewn unrhyw fodd, rhag ofn i bobol fy nghyhuddo o chwarae gwleidyddiaeth gyda mater personol. Doeddwn i ddim yn gwybod bod busnes Gwynfor mewn trafferthion ariannol tan i fi ddarllen cofiant Rhys Evans yn 2005. Yn y fan honno y dysgais bod y trafferthion ariannol yn lled ddifrifol. Roedd yn wynebu gorfod cau'r busnes ac ymyrraeth ariannol ei frawd Alcwyn yn unig a rwystrodd yr hwch rhag mynd trwy'r siop. Dywed cofiant Rhys Evans mai un ffactor amlwg yn yr ymdrechion brwd i geisio achub y busnes oedd yr helynt a fyddai'n cael ei wneud gan y Blaid Lafur a'r pleidiau eraill oherwydd trafferthion Gwynfor. Yn y cyfnod hwnnw, byddai yna agwedd dipyn mwy hen ffasiwn a llai goddefgar tuag at yr holl syniad o fod yn fethdalwr, ac o'r herwydd, byddai pwyntiau gwleidyddol sylweddol ar gael i wrthwynebwyr Gwynfor petai ei fusnes wedi methu. Roedd Gwynfor yn ffodus iawn na ddaeth y cyfan allan yn y wasg ar y pryd. Fel y dywedais i, doeddwn i dim yn gwybod am hyn, ond petawn i wedi dod i wybod, bydden i'n sicr wedi gwneud defnydd o'r wybodaeth wrth ymgyrchu.

Yn y trafod brwd oedd yn amlwg yn digwydd ymhlith aelodau teulu Gwynfor trwy gyfnod y trafferthion ariannol, mae un llythyr a anfonwyd ato gan ei chwaer Ceridwen yn dangos yn glir nad oedd hi'n fodlon â chyflwr truenus y lle gwaith:

I really can not understand Gwynfor, why all these wonderful opportunities in such a glorious part of Wales are left to rot… If English people bought the farm and glasshouses and made an attractive estate of it, I suppose it would get bashed about.

Digon posib, felly, mai nid gallu talu ei weithwyr digon oedd Gwynfor, nid ei fod yn anfodlon gwneud hynny.

Ac wedyn, pan ddaeth yn gyfnod etholiad, a'r canfasio'n digwydd, roedd fy mhosteri i yn ffenestri y mwyafrif o dai stad cyngor y pentre. Wrth holi ymhellach am y rheswm dros fy nghefnogi i ym mhentre Gwynfor ei hun, roedd anfodlonrwydd â Gwynfor y cyflogwr yn gŵyn cyson. Nawr, dwi'n deall mai mater hawdd iawn yw cwyno am eich bòs. Ond roedd y nifer oedd yn gwneud hynny, yn ogystal â hyd y cyfnod y buont yn cwyno, yn awgrymu mwy na hynny. Y darlun a grëwyd i fi wrth fynd i'r stad tai cyngor oedd fy mod yn camu i awyrgylch meistr a'i denantiaid.

Pan oedd Huw Thomas yn dweud bod Gwynfor yn ffafrio aros yn Sir Gâr, roeddwn yn deall yn iawn beth oedd hynny'n ei olygu. Er mai fe oedd Aelod Seneddol Caerfyrddin roedd ei record pleidleisio yn Nhŷ'r Cyffredin yn ofnadwy o wael, fel y nodwyd eisoes. Ei brif gyfraniad oedd cwestiynau ysgrifenedig. Roedd modd gwneud y rheini o le bynnag yr oedd ar y pryd – fel arfer, 'nôl adre. Mae'n amlwg hefyd i Huw Thomas nodi agwedd aruchel Gwynfor. Daeth hynny i'r amlwg rai misoedd wedi i Huw wneud ei sylwadau pan roddwyd achos i fi wneud y sylw bod Gwynfor yn dda iawn am arwain protestwyr cenedlaetholgar at ddrws y carchar ac wedyn yn eu gadael yno a mynd 'nôl i gyfforddusrwydd ei gartre. Un pwynt ychwanegol a fwydodd ymgyrchu Huw Thomas oedd i Gwynfor ddenu hyd at 3,000 o bleidleisiau oddi wrth y Blaid Ryddfrydol yn isetholiad '66. Roedd hyn, a'i atgasedd at genedlaetholdeb yn symbyliad cryf yn ei ymgyrchu.

Yn ychwanegol at feirniadu hallt Huw Thomas, roedd eraill yn gwneud yr un sylwadau. Roedd Denzil Davies yn un ohonyn nhw. Ond efallai mai'r sylw mwyaf cofiadwy oedd yr un a wnaed gan Aelod Seneddol Llafur Meirionnydd, Wil Edwards, mewn araith yn Llandeilo, pan alwodd Gwynfor yn 'the ageing Bernadette', sef cyfeiriad at ymgyrchydd gwleidyddol ifanc o Iwerddon, Bernadette Devlin, un oedd yn cydymdeimlo ag amcanion yr IRA.

Carlo a datganoli

Un o bynciau mawr fy ymgyrch wrth i 1969 dynnu at ei therfyn oedd datganoli. Galwais ar y llywodraeth i ddatganoli iechyd ac amaeth i Gymru. Cam cyntaf oedd hwnnw yn fy ymgyrch dros Gyngor Etholedig neu Gynulliad i Gymru, deng mlynedd ar hugain cyn i hynny ddigwydd go iawn. Ar y pryd, roedd y syniad o Gyngor Cymreig i'w gael, ond bach iawn oedd y gefnogaeth iddo na'r diddordeb ynddo. Llond dwrn o Aelodau Seneddol Llafur oedd yn barod i gefnogi'r fath gyngor – Cledwyn Hughes, Elystan Morgan, John Morris, S O Davies a Jim Griffiths oedd y rhai amlwg a gweithgar.

Trodd y ddadl yn dipyn mwy difrifol pan ofynnwyd i fi gadeirio pwyllgor gwaith y Blaid Lafur yng Nghymru oedd i baratoi tystiolaeth y Blaid Lafur i Gomisiwn Crowther ar ddatganoli. Wedi marw Crowther, trodd yn Gomisiwn Kilbrandon. Tîm o ddeg oedden ni, yn ein plith y darlithiwr a'r darlledwr Barry Jones, Bruce George, ffermwr o Sir Fynwy ac Aelod Seneddol Llafur yn ddiweddarach, Wyn Thomas, a ddaeth yn enwog trwy orsaf radio Swansea Sound wedi hynny, a Gareth Howell, mab Lyn Howell o Fwrdd Twristiaeth Cymru. Credaf hefyd fod Paul Flynn ac Alun Michael wedi cyfrannu at y gwaith a wnaethom trwy gyfrannu at wahanol adroddiadau i'r gweithgor.

Oddi fewn i'r Blaid Lafur Brydeinig, roedd digon o drafod ac argymhellion ar faterion yn ymwneud â'r Comisiwn. Er enghraifft, ar 19 Mehefin 1968, a John Morris yn Weinidog yn y Weinyddiaeth Drafnidiaeth, ysgrifennodd lythyr at Harold Wilson yn datgan yn ddigon cryf ei fod o blaid datganoli a chynulliad etholedig i Gymru. Ac yna ar 25 Awst 1969, ysgrifennodd George Thomas at Harold Wilson, ac mae'r llythyr yn creu'r argraff ei fod o blaid datganoli. Ond yr hyn yr oedd yn ei wneud yn ei lythyr oedd rhestru nifer o'r argymhellion oedd yn debygol o fod yn nhystiolaeth y Blaid Lafur yng Nghymru i Gomisiwn Crowther/Kilbrandon. Roeddwn i'n cyfarfod George bob pythefnos, ac felly roedd yn cael gwybodaeth lawn am drafodaethau'r tîm ar bob mater. Anghywir a chamarweiniol oedd dweud, fel yr oedd Gwynfor a Phlaid Cymru yn ei ddweud byth a beunydd, bod y Blaid Lafur yn gwneud dim byd am ddatganoli. Daeth newid yn fy ymwneud â'r pwyllgor hwn pan ddes yn Aelod Seneddol. Mwy am hynny nes 'mlaen.

Does dim amheuaeth mai digwyddiad mwyaf y flwyddyn honno oedd Arwisgo'r Tywysog Charles yn Dywysog Cymru. Dyna oedd ffocws chwe mis cyntaf y flwyddyn wrth i'r paratoadau fynd yn eu blaenau. Dyna oedd ffocws y Deyrnas Unedig a gweddill y byd ar 1 Orffennaf, diwrnod yr Arwisgo yng Nghastell Caernarfon, a dyna oedd y trin a'r trafod am fisoedd wedi'r digwyddiad wrth i wleiddyddion bwyso a mesur effaith yr Arwisgo ar Gymru ac ar eu hymgyrchu gwleidyddol hwythau, pa bynnag un oedd eu plaid.

5

Yr Arwisgo

MAE'N RHYFEDD DWEUD mai un o nodweddion y cyfnod yn arwain at yr Arwisgo, yn etholaeth Caerfyrddin o leiaf, oedd prinder sylw i'r digwyddiad yn y papurau lleol. Mewn cyfnod o lythyru gwleidyddol brwd, fel rydym ni wedi ei weld eisoes, doedd fawr ddim llythyru ar yr hyn oedd i ddigwydd i'r Tywysog Charles yng Nghymru y flwyddyn honno. Ond roedd digon o siarad ar ochr hewl drwy'r pentrefi i gyd. Mae'n siŵr bod hynny'n arwydd o'r ffaith nad oedd fawr ddim gwrthwynebiad i'r seremoni trwy Gymru.

Roedd amseru'r Arwisgo yn fanteisiol iawn i'r Blaid Lafur. Nodwyd eisoes y shiglad a roddwyd i'r blaid gan fuddugoliaeth Plaid Cymru yn 1966 ac yna llwyddiannau sylweddol Caerffili a Gorllewin y Rhondda wedi hynny. Roedd angen i'r Blaid Lafur ateb 'nôl. Roedd y blaid yn gwybod y byddai rhoi sêl bendith i'r Arwisgo yn gam poblogaidd a derbyniol i bobol Cymru; yr oeddynt yn ddigon parod i dderbyn Charles.

Daeth yn amlwg bod Plaid Cymru yn rhanedig ar yr holl fater. Roedd y dynion ifanc disglair newydd, Dafydd Elis-Thomas, arweinydd Plaid Cymru Ifanc ar y pryd, a Dafydd Wigley, yn teimlo'n gryf yn erbyn yr Arwisgo ac yn gwneud eu safiad yn gyhoeddus. Mewn erthygl yn y *Western Mail* dywedir bod y ddau hyn, ynghyd â Dafydd Iwan a'i ganeuon, wedi dylanwadu'n fawr ar y lleiafrif oedd yn erbyn yr Arwisgo, gan gynnwys Cymdeithas yr Iaith wrth gwrs. Rhaid pwysleisio nad oedd y blaid yn swyddogol yn cefnogi'r Arwisgo. Penderfynodd Plaid Cymru yn 1968 na fyddai hi'n llunio polisi ar y mater. Ond roedd nifer fawr o'i haelodau yn ddigon cefnogol.

Yn *Gwaedd yng Nghymru*, sef casgliad o ysgrifau gan yr athronydd J R Jones, ceir dadansoddiad yr awdur o hinsawdd wleidyddol diwedd y chwedegau. Dyma beth mae e'n ei ddweud am ymateb y ddwy brif garfan genedlaetholgar i'r Arwisgo. Gwerth nodi ei fod yn un o gefnogwyr cynnar Cymdeithas yr Iaith.

I gyfiawnhau cadw allan o'r brotest, y mae Plaid Cymru'n dadlau fod seremoni'r urddo yn amherthnasol i'w hymgyrch hi i ennill annibyniaeth i Gymru; ni pheidiai 'Cymru rydd' â chydnabod sofraniaeth y goron. I berswadio Cymdeithas y Iaith i beidio ag ymyrryd yn y brotest, dadl ychydig yn wahanol a ddefnyddir, sef nad yw'r Arwisgiad yn berthnasol i faes gweithrediadau protestiadol y Gymdeithas gan mai yr iaith Gymraeg fel y dengys ei henw swyddogol, yw hwnnw.

Mae'r casgliad hyn o ysgrifau yn hynod ddiddorol, ac yn trafod yr agweddau newydd tuag at Gymreictod oedd yn datblygu yn y cyfnod. Mae'n amlwg bod sawl diffiniad posib yn bodoli a gorsymleiddio fyddai dweud mai un agwedd oedd yna ohoni. Mae gan yr awdur ei farn glir ei hun, ond wrth ei datblygu, mae'n gwneud sylwadau ar y mathau gwahanol o Gymreictod oedd i'w cael yng Nghymru ar y pryd. Doedd y sefyllfa ddim yn ddu a gwyn o bell ffordd.

Mae'n amlwg na fu Plaid Cymru na Chymdeithas yr Iaith yn rhan o'r protestio swyddogol yn erbyn yr Arwisgiad. Roedd yna gryn ddadlau bod yr Arwisgo o fudd i Gymru am ei fod yn gydnabyddiaeth bod Cymru yn bodoli. Annibyniaeth oddi fewn i system y Goron oedd y ddelfryd i nifer fawr o bobol Cymru.

Yn ôl arolwg barn yn y *Western Mail* ar ddiwrnod yr Arwisgo ei hun, roedd 71% o bobol Cymru am weld Cymru'n wlad annibynnol, tra roedd 74% yn barod iawn i groesawu seremoni'r Arwisgo i Gaernarfon, ac yn barod i groesawu'r Tywysog Charles yn Dywysog Cymru. Dyna fel oedd Cymru ar y pryd! Felly, fe effeithiwyd ar Gwynfor gan leiafrif dylanwadol oddi fewn i'w blaid ei hun, oedd yn amlwg yn lleiafrif bychan iawn, iawn trwy Gymru gyfan.

Heb os fe siomwyd a diflaswyd nifer fawr o bobol gan ddiffyg cefnogaeth Plaid Cymru i'r Arwisgo. Ond yr hyn a wnaeth pethau'n llawer gwaeth oedd penderfyniad Gwynfor i beidio â mynd i'r seremoni ei hun. Cafodd pob Aelod Seneddol o Gymru wahoddiad. Roedd nifer yn ei etholaeth yn anhapus â'r ffaith na fyddai eu Haelod Seneddol yn eu cynrychioli mewn seremoni mor boblogaidd.

Ond roedd rhagor o halen i ddod i'r briw, a Gwynfor ei hun roddodd yr halen yno! Er ei fod ar ymweliad prin â San Steffan ar ddiwrnod yr Arwisgo, gwnaeth yn siŵr y byddai'n ôl yn ei etholaeth i groesawu'r Tywysog Cymru newydd ar ei daith i Gaerfyrddin. Dyna un o gamgymeriadau mwyaf bywyd gwleidyddol Gwynfor. Roedd pobol wedi dod i dderbyn na fyddai yn y seremoni. Ond, doedden nhw ddim yn barod i dderbyn ei fod yn fodlon cwrdd â'r tywysog pan fyddai ei daith ar ôl yr Arwisgo yn cyrraedd Caerfyrddin. Roedd nifer o genedlaetholwyr wedi dweud y bydden nhw'n sefyll yn erbyn Plaid Cymru yn yr etholiad petai Gwynfor yn cwrdd â'r tywysog. Roedden nhw'n teimlo mor gryf â hynny. I'r rhan fwyaf, rhagrith llwyr oedd cytuno i'r cyfarfod ar ôl gwrthod mynd i'r Arwisgo. Collodd Gwynfor lot o barch o ganlyniad. Petai wedi dal at ei gred, byddai'r stori'n wahanol. Roedd hyd yn oed rhai o'i gyd-genedlaetholwyr yn ei alw'n Sioni Bob Ochor.

Erbyn i'r tywysog gyrraedd Caerfyrddin, roedd wedi ymweld â sawl lle rhwng Caernarfon ag yno. Cafodd ei groesawu gan filoedd ar filoedd o bobol ym mhob cyrchfan, ac ar hyd y daith hefyd. Roedd Gwynfor wedi gweld hyn ac yn amlwg wedi meddwl y byddai'n dda o beth i fanteisio ar ddigwyddiad mor boblogaidd yn y dre lle'r oedd yn Aelod Seneddol. Ond nid fel'na cafodd y weithred ei dehongli. Yn hytrach, gwelwyd dyn a safodd ar ei egwyddorion, a gwneud ffys mawr o hynny ar Orffennaf y cyntaf, bedwar diwrnod yn ddiweddarach yn croesawu'r Tywysog yn bersonol.

O'm safbwynt i, doedd gen i fawr ddim diddordeb yn yr Arwisgo. Doeddwn i ddim yn teimlo ei fod yn ddigwyddiad o ryw bwys mawr. Dwi ddim yn un mawr o blaid y Teulu

Brenhinol nac yn credu y dylai Tywysog Cymru ddod o'u plith. Wnes i ddim gwylio'r seremoni ar y teledu a wnes i ddim mynd i Gaerfyrddin i fod yng nghanol y bobl a fu'n croesawu'r tywysog newydd yn gyhoeddus chwaith, yn swyddogol nac yn answyddogol. Wnes i ddim ymgyrchu ar y mater, un ffordd na'r llall. I fi, doedd e ddim yn fater ymgyrchu etholiadol o gwbl. Felly doedd gen i ddim gwrthwynebiad egwyddorol na gwleidyddol i safiad Gwynfor o ran y seremoni ei hun. Ei ragrith wedi hynny ddiflasodd fi.

Roedd Gwynfor yn credu y byddai'r Arwisgo yn gwneud lles i Blaid Cymru, a dyna'i agwedd yn ystod yr wythnosau wedi'r seremoni. Dywedodd wrth Harri Webb y byddai'n amlwg ymhen chwe mis y byddai'r Arwisgo wedi bod o fantais i'r Blaid, a hynny trwy roi ysgytiad i genedligrwydd yn bennaf. Dywed cofiant Rhys Evans bod Gwynfor yn credu bod pethau cystal ag erioed ym mis Gorffennaf 1969. Mae'r awdur wedyn yn dweud hyn:

> Gyda synnwyr trannoeth, mae hyder Gwynfor wrth iddo ystyried adladd yr Arwisgo yn ymddangos yn ddyfarniad hollol egsentrig, ond roedd trwch arweinwyr Plaid Cymru yn meddwl yn yr un modd.

Roeddwn i'n gyfarwydd iawn â gosodiadau egsentrig Gwynfor Evans!

Wrth edrych 'nôl ar y cyfnod, dwi'n gweld deilema Gwynfor yn glir ar un ystyr. Dadl nifer yw y byddai wedi elwa, o ran poblogrwydd petai wedi mynd i'r Arwisgo a dangos cefnogaeth i ddigwyddiad a oedd yn un mor amlwg trwy Gymru. Felly, medd rhai, roedd wedi sefyll ar ei egwyddorion, gan wrthod chwarae'r gêm boblogaidd fyddai wedi bod o fantais iddo. Ond, dw i ddim yn ei gweld hi fel'na. Gwleidydd oedd Gwynfor ac felly roedd ganddo gêm wleidyddol i'w chwarae, nid yn unig gyda'r cyhoedd ond oddi fewn i'w Blaid ei hun. Byddai mynd i'r Arwisgo wedi golygu gwneud safiad amlwg yn erbyn aelodau dylanwadol ei blaid ac yn erbyn Cymdeithas yr Iaith hefyd. Go brin y byddai wedi gwneud hynny. Os oedd cyfarfod â'r tywysog yng Nghaerfyrddin yn ymgais i blesio aelodau ei blaid, oedd yn ddigon parod i dderbyn yr Arwisgo, nid fel'na y cafodd y digwyddiad ei weld o bell ffordd. Magwyd perthnasedd ychwanegol i hyn o gofio bod ganddo record wael o ran ymddangos yn Nhŷ'r Cyffredin a mynd i rai cyfarfodydd pwysig.

I roi'r cam hwn gan Gwynfor yn ei gyd-destun ehangach, roedd yn ddolen arall i ychwanegu at y gadwyn a grëwyd gyntaf gan ei ymgais ffôl i ymweld â Fietnam, ac wedyn ei agwedd tuag at weithredu treisiol. Nawr, rai blynyddoedd wedyn, roedd straeon o'r fath yn dal i ddod. Drwy hyn oll, gwnaeth Gwynfor fy ngwaith i dipyn yn haws nag y byddai fel arall. Petai yntau wedi bod yn llawer mwy gofalus a chryf, byddai wedi gwneud i ffwrdd â chryn dipyn o'r dadleuon roedd pobol fel fi, Cledwyn Hughes, George Thomas, John Morris, Denzil Davies, Wil Edwards, Huw Thomas ac eraill yn eu defnyddio yn ei erbyn. Fe roddodd y pwyntiau hynny i ni. Ar blât.

I finnau'n bersonol, roedd cynnal yr Arwisgo yng Nghymru yn fendith i un oedd newydd gael ei benodi yn ddyn cysylltiadau cyhoeddus y Blaid Lafur. Roedd mantais amlwg i'r fath ddigwyddiad o ran newid pethau oddi fewn i'r Blaid Lafur ei hun. Roedd ffocws. Roedd momentwm. Ond fel y dywedais eisoes, doedd yr achlysur ddim yn rhan amlwg o fy ymgyrchu etholaethol i.

6

Blwyddyn y frwydr go iawn!

WRTH I FWRLWM yr Arwisgo dawelu, ac wrth i 1969 ddirwyn i ben, daeth yn fwyfwy amlwg mai'r flwyddyn ganlynol fyddai blwyddyn yr Etholiad Cyffredinol. Roedd gen i rywfaint o fantais o ran gwybod pryd fyddai'r etholiad yn debygol o ddigwydd gan fy mod wedi gweithio i'r Blaid Lafur ers rhyw naw mis erbyn dechrau 1970. Roedd gen i gysylltiadau agos ag arweinyddion y Blaid Seneddol, ac yn Transport House, ac felly roeddwn i'n clywed y trafod mewnol ynglŷn â'r etholiad nesaf.

Ond er efallai bod hynny'n fantais mewn un ffordd, mae'n wir dweud nad oedden nhw'n ddyddiau da i'r Blaid Lafur. Roedd tri mater penodol yn achosi problemau yn yr etholaeth. Yn gyntaf, doedd y ffermwyr ddim yn hapus eu byd. Mewn sir fel Sir Gâr, mae hynny'n ystyriaeth ganolog. Roedden nhw, yn syml, yn pryderu am y taliadau oedden nhw'n eu derbyn am eu cynnyrch. Daeth cryfder eu hemosiwn yn amlwg y tu fas i Sir Gâr pan aeth Jim Callaghan, yr Ysgrifennydd Cartre ar y pryd, ar daith i orllewin Cymru ym mis Ionawr 1970. Cafodd gyfarfod stormus iawn gyda ffermwyr Ceredigion a Hwlffordd, a thaflwyd tomatos wedi pydru ato.

Yn ffodus iawn, roedd Barbara Castle, yr Ysgrifennydd Cyflogaeth, ar daith yn y gorllewin ryw bump wythnos yn ddiweddarach. Llwyddodd hi i leddfu ofnau'r ffermwyr mewn modd na wnaeth Callaghan. Mae pennawd yn y *Western Mail*, wrth adrodd stori ei hymweliad, yn crynhoi hynny: 'Farmers fall for Barbara'. Roedd dros 200 o ffermwyr yn Hwlffordd i'w chroesawu ym mis Mawrth 1970. 'We want Barbara!' oedd eu llef. Ei hateb hi oedd, 'Ok, let me put some lipstick on.' Fe weithiodd! Aeth i Gaerfyrddin wedyn, lle bu'n sgwrsio gyda mwy o ffermwyr. Dywedodd wrth swyddogion Undeb Cenedlaethol y Ffermwyr bod yna ddyfodol i ffermydd bychain, fel y rhai oedd yn y mwyafrif yn Sir Gâr, a bod y llywodraeth am eu cefnogi cymaint ag y gallent. Diolch byth am ei hymyrraeth hi i leddfu ofnau go iawn y ffermwyr.

Y pwnc llosg arall oedd dyfodol maes tanio'r Weinyddiaeth Amddiffyn ym Mhen-bre, ger Llanelli. Roeddwn i o blaid symud Canolfan Filwrol Shoeburyness i'r safle ym Mhen-bre. Roedd Denzil Davies a Gwynfor Evans yn erbyn hynny. Fy nadl i oedd y byddai'r fath symudiad yn fanteisiol i'r ardal, yn creu swyddi ac o les i'r economi, a hefyd yn sicrhau dyfodol y safle amddiffyn ym Mhentywyn. Ar y pryd, roedd y safle hwnnw yn cyflogi hyd at 600 o bobol.

Roedd y ddadl hon yn dal i rygnu 'mlaen ym mis Mai 1970. Dyna pryd wnes i ysgrifennu erthygl i'r *Carmarthen Times* ar y mater. Roedd y pennawd yn un yr oeddwn yn arbennig o falch ohono: 'We want bread and butter before buckets and spades'. Dyna gyfeiriad amlwg at brif ddadl y rhai oedd yn erbyn datblygu'r safle yn un milwrol, sef y lles a ddeuai i dwristiaeth yr ardal. Yn yr erthygl dywedais:

> I for one will not be a party to throwing away valuable jobs and see the depopulation of West Carmarthenshire unless there are overpowering reasons for the Pembrey proposals. As yet I am unaware of such reasons.

Derwyddon anobaith

Yr iaith Gymraeg oedd y pwnc arall oedd yn cael cryn dipyn o sylw ar y pryd. Dyma gyfnod y protestiadau arwyddion ffyrdd ac ati. Dyma'r pwnc a olygodd i Jim Callaghan gael amser dipyn mwy tawel gan ffermwyr ardal Rhydaman nag a gafodd yng Ngheredigion. Yn Nyffryn Aman, dulliau torcyfraith y protestwyr iaith, carcharu Dafydd Iwan a rôl honedig y Special Branch yn yr ymgyrchu cenedlaetholgar oedd y pynciau dan sylw. Cafodd Denzil Davies a finnau amser caletach yn y cyfarfod hwnnw yn sicr.

Yn y misoedd wedi hynny, trodd yr iaith yn bwnc amlwg yn y brwydro rhwng Gwynfor a fi ac roeddwn yn ymosod ar Blaid Cymru yn fwyfwy yn fy sylwadau. Mor gynnar â'r wythfed o Ionawr 1970, fe ymddangosodd stori yn y *Carmarthen Times* a'r *Carmarthen Journal* am sylwadau a wnes mewn cyfarfod o'r Blaid Lafur yn lleol. Y pennawd oedd 'Nationalists have not shown they can run a parish council'.

> Addressing his party's constituency management committee, Mr Jones said that since July 1966 too much talk about Wales had been heard from Carmarthen MP Gwynfor Evans and not enough about the constituency. This was reflected in the type of question he asked in the House of Commons. 'Let Mr Evans tell us the number of questions he has asked specifically about the constituency' challenged Mr Jones.

Roedd un ffordd i ymosod ar Gwynfor yn gwbl glir yn wythnos gyntaf blwyddyn yr etholiad. Rai wythnosau wedyn, roeddwn yn ymosod arno unwaith eto ac yn ailymweld â thema oedd wedi bod yn ddigon amlwg ers i fi gael fy newis yn ymgeisydd i'r Blaid Lafur, sef safiad Gwynfor ar fater trais a gweithredu eithafol yn enw'r iaith Gymraeg.

> It is high time Mr Evans realised that he just can not say he deplores violence on the one hand, and continue to make irresponsible, emotive statements on the other. He has compared Wales with Lithuania – 'oppressed', then that Wales is in a state of 'near ruin' and being 'whipped' by the English. He has even expressed the viewpoint that only when someone is 'shot or blown up' will the government listen...
> The fact is that too many Plaid Cymru leaders refuse to accept that this Government has done anything worthwhile. They depict this Government as plotting to 'kill' the Welsh Language. Let

him admit that many measures have been taken to foster the language.

Roedd yr awgrym bod aelodau'r Blaid Lafur yn lladd yr iaith Gymraeg yn peri loes go iawn i nifer ohonom oddi fewn i'r blaid oedd yn caru'r iaith ac yn brwydro drosti. Roedden ni'n Gymry cymaint â phawb arall. Roedd darllen y wasg Gymraeg y dyddiau hynny yn gallu creu'r argraff glir bod cenedlaetholwyr nid yn unig yn wirioneddol gredu nad oedd y llywodraeth yn gwneud unrhyw beth o gwbl o blaid yr iaith, ond ei bod mewn gwirionedd yn gwneud cymaint ag y gallai i ladd yr iaith.

Gofynnwyd i Gwynfor ar fwy nag un achlysur beth oedd e'n credu oedd y Blaid Lafur wedi ei wneud dros Gymru. Ei ateb yn ddi-ffael oedd 'Dim byd'. Roedd yn anodd derbyn y fath safiad unllygeidiog mewn cyfnod pan oedd swydd Ysgrifennydd Gwladol Cymru, er enghraifft, wedi ei chreu gan y Blaid Lafur. Pasiwyd Deddf Iaith 1967 a dechreuwyd y broses o ganiatáu i awdurdodau lleol osod arwyddion ffyrdd dwyieithog – ac roedd hynny cyn i'r ymgyrch paentio arwyddion ffyrdd ddechrau go iawn. Ac mae'r pwyntiau hyn ar faterion yr iaith yn unig. Mae mater creu Gwasanaeth Iechyd Cenedlaethol hefyd yn ystyriaeth ychwanegol bydden i'n meddwl!

Beirniadais duedd Gwynfor i ddilorni'r Blaid Lafur yn aml. I fi, pan oedd yn gwneud hynny, roedd yn dilorni Cymru hefyd. Roedd ei arfer o baentio llun go ddu o sefyllfa Cymru yn wrthgenedlaetholgar. Fe ddisgrifiais Gwynfor, a'r rhai eraill oedd yn llawn sylwadau negyddol am Gymru, fel 'Druids of Doom'. Wnaethon nhw ddim un ffafr â Chymru trwy ladd ar y wlad yn feunyddiol – dim mwy nag y mae Trump yn gwneud lles i'w wlad yntau trwy ddweud ei fod am ei gwneud hi'n 'great again'.

Erbyn diwedd Chwefror 1970, roeddwn wedi troi fy sylw at bobol ifanc yr etholaeth. Pennawd digon bras oedd yn y *Carmarthen Times* ar ddydd Gwener 27 o'r mis bach:

Gwynoro Jones – a Welsh speaking Welshman – says:
Young people are being exploited.

Mewn bocs wrth ochr llun ohona i, rhoddwyd dyfyniad o'r erthygl.

High time so-called lovers of Wales realised that recent antics are driving people further away from the language.

Dadleuais yn y stori fod pobol ifanc yn cael eu camarwain gan ddynion canol oed oedd wedi methu â gwneud yr hyn roedden nhw nawr yn disgwyl i'r ifanc ei wneud. Rhybuddiais y byddai pwyslais o'r fath yn creu rhwyg ieithyddol yng Nghymru fel yr oedd crefydd wedi creu rhwyg yng Ngogledd Iwerddon.

The lesson of Northern Ireland has been that religion has so divided its people that they have been unable to unite to solve far greater problems – bad housing and social conditions.

Mae'r erthygl hon yn cynnwys dyfyniad o gofnodion Hansard ar drafodaeth ar yr Iaith Gymraeg yn y Senedd ar 16 Chwefror:

Mr. Gwynfor Evans asked the Secretary of State for Wales if he will now seek to raise the Welsh language in Wales to a status of equality with English in Wales.

Mr. George Thomas The Government have already raised the legal status of the Welsh language in Wales to that of equality with English.

Mr. Evans Is the Secretary of State aware that some people may admire the lion-hearted way in which he has stood up, with nothing more formidable than the British Government behind him, to the great bully the Welsh Language Society and the way in which he is resisting any advance in Wales to national status? Is he also aware that I am not among his admirers?

Mr. Thomas I feel heartbroken by the hon. Gentleman's last remark. I am well aware that the hon. Gentleman does what he can to stir up members of the Welsh Language Society to indulge in the sort of hooligan exercises which we have recently witnessed. I share the opinion of Lord Justice Arthian Davies that they can do nothing but bring shame and disgrace to Wales.

Mr. William Edwards Is my right hon. Friend aware that the implicit misrepresentation about the status of the Welsh language in that supplementary question is typical of the kind of misrepresentation taking place in Wales by people who should be more responsible and which is leading young people who are misrepresented to take unjustifiable and unwise actions?

Mr. Thomas My hon. Friend speaks for a very wide representation of opinion in the Principality. Major constructive steps have been taken in an endeavour to succour the Welsh language, and no good at all will ensue from the sort of militant action of which the hon. Member for Carmarthen (Mr. Gwynfor Evans) is so proud.

Roedd safiad cynnar Gwynfor ar weithredu treisiol yn enw'r iaith yn dal i fod yn bwnc llosg. Ymunodd Denzil Davies yn yr ymosod ar Gwynfor hefyd, fel rhan o'i ymgyrch yntau yn etholaeth Llanelli. Mewn erthygl bapur newydd, beirniadodd Gwynfor am gymharu Cymru â gwlad arall unwaith eto:

Mr Gwynfor Evans has gone so far as to compare the fate of the Welsh with that of the Lithuanians, who were massacred by Stalin.

Enghraifft arall o Gwynfor yn gweld un llygedyn bach o bwynt ac yn ei droi yn ddadl gyfan.

Ennill tir

I Blaid Cymru, Etholiad 1970 oedd y cyfle i brofi nad ffliwc oedd 1966, a'u bod wedi adeiladu ar lwyddiannau Caerffili a Gorllewin y Rhondda, yn ogystal â'i llwyddiannau ar gynghorau lleol amrywiol. Ond erbyn mis Mawrth 1970 roedd papurau'r etholaeth yn sôn am lwyddiant y Blaid Lafur. 'People Tired of Plaid's Unrealistic Outbursts' meddai'r *Carmarthen Times* ar ddiwedd y mis hwnnw, gan ychwanegu:

Y crwt direidus!

Deunaw mis cyn dod yn ymgeisydd, derbyn fy ngradd mewn Economeg, Llywodraeth a'r Gyfraith ym Mhrifysgol Caerdydd.

Organydd yng Nghapel Peniel, Foelgastell.

Pedair cenhedlaeth, Glyndwr Cennydd yn faban.

Indeg a Glyndwr Cennydd ar yr aelwyd yng Nghaerdydd, 1971. Llun o raglen HTV.

Gwynfor a'i deulu'n dathlu yn 1966.

Gyda swyddogion fy mhlaid ar ôl cael fy newis fel ymgeisydd, 1967.

Cinio gyda Jim Griffiths yn Y Smiths, Foelgastell, wedi i fi gael fy newis yn ymgeisydd.

Harold Wilson mewn rali gan y Blaid Lafur, 1968.

Araith John Morris AS am Gwynfor.

R.F.C. M.P.!

They say that one should not mix politics with sport but Cefneithin R.F.C. officials, players and supporters are all proud of two of their ex - players. This Cefneithin side can boast a unique record in that from its ranks have emerged two prospective Parliamentary candidates for the same General Election.

A little while ago, Carwyn James, ex-fly-half and captain of Cefneithin's championship and cup final side of the 1960-61 season was adopted as Plaid Cymru's official candidate for the Llanelli Division in the next General Election.

Last week the Carmarthen Labour Party adapted Gwynoro Jones as prospective Labour candidate. He played regularly at wing-forward for Cefneithin before business commitments curtailed his travelling home at week-ends.

All connected with Cefneithin R.F.C. wish them well. Who knows, the club might benefit quite a lot if one of them is elected and becomes Minister in charge of sport!

GWYNORO JONES

Dau ymgeisydd seneddol o'r un clwb rygbi, 1970.

Carmarthen candidate calls for Welsh Labour change

GWYNORO'S BROADSIDE

MY OWN IDEA HE SAYS

A BID to steal the political clothing of the Welsh Liberal Party and Plaid Cymru, made by the prospective Labour Party Candidate for Carmarthen, could land him trouble. Even though his comments were well intended.

a Welsh Labour Party. "It would still be closely allied to the movement in Britain but its most important asset is that it would be a powerful voice for Wales, far more powerful than Plaid Cymru's, because of the Labour vote in the Principality; and the fact that it would be within one of the main political parties who can hope to form a government in Britain.

Too Parochial

"I've always claimed that a

Galw am Blaid Lafur Cymru.

MR. GWYNORO JONES, the man chosen to put drive into the Labour Party's image in Wales for the next general election, drives off last night at the Cardiff Golf Range at Pontcanna.

We're on way up, says Labour chief

Western Mail Reporter

The man who will help mould the Labour Party's image for the next general election said yesterday that their popularity was on the mend, and the peak of Plaid Cymru success had been passed.

Fy mhenodi'n Swyddog Marchnata'r Blaid Lafur yng Nghymru.

YOUR LABOUR CANDIDATE

GWYNORO JONES

the **YOUNG MAN** for Carmarthen in the **SEVENTIES**

POLLING DAY
THURSDAY June 18th
7A.M. TO 10P.M.

70s

Fy mhamffledi etholiadol blaengar.

LABOUR ELECTION SPECIAL
ETHOLAETH CAERFYRDDIN

GWYNORO JONES

Your Labour Candidate **says:**

THIS GENERAL Election will decide which of two parties will form the next Government. There is only one alternative to Labour — and another Conservative Government would be disastrous for Wales and this constituency.

The new foundations of a New Wales is being laid by Labour, although the job has not yet been completed. A start has been made and responsible opinion suggests that the 70's will be the years of growth. The national "Times" said in March, 1969, of Wales:

"There are facts and solid achievements to justify the feeling that a decade of growth lies ahead".

Then Professor Grisley Thomas to January said:

"Whatever our professional purveyors of gloom may say, the economic prospects for Wales in the seventies are distinctly favourable".

Now we know that Labour's programme will

It is important that the people of this constituency do not opt out of this chance. Can we really afford another Conservative Government that built only 51 advanced factories in 53 years, spent only £1m. in 1964 on Welsh industry, built no health centre in 13 years; is prepared to dismantle Labour's Development Area Policy?

Despite all the difficulties the Government's record in the social services — housing, health and welfare, education, pensions, social security is one of tremendous achievement.

EICH YMGEISYDD LLAFUR

Better roads for the 70s

HOUSING SUCCESS

Canolfannau Iechyd

Fy mhamffledi etholiadol blaengar.

Carnifal yn ystod canfasio Etholiad 1970.

Canfasio yn yr un ymgyrch.

Ar strydoedd Brynaman, 1970.

Yn ddigon hyderus.

Gyda'r Ysgrifennydd Cartre, Jim Callaghan, mewn cyfarfod cyhoeddus yn Rhydaman, 1970.

Barbara Castle, yr Ysgrifennydd Gwladol dros Gyflogaeth, yng Ngwesty'r Llwyn Iorwg, Caerfyrddin, cyn Etholiad 1970.

Un o'r nifer fawr o straeon ar safbwynt Gwynfor ynglŷn â'r ymgyrchoedd bomio.

CARMARTHEN TIMES, Friday, February, 9th, 1968

Curious way to conduct peace mission

ON his return from Cambodia, the present M.P. for Carmarthen made several startling statements. The gist of his argument was that the continuation of the Vietnam war was the fault of the Americans, I fear that Mr. Evans envisages the Vietnam position as that which existed in the early 1950s. For war has ceased to be a civil one and has now become an international conflict.

The original issues the very nothing of the Vietnamese people have long been forgotten. Each escalation by one side is met by counteraction by the other.

The increased bombing of the North by the U.S.A. is counteracted by more intensive infiltration of South Vietnamese into the South, and more aid for the North from Russia and China in the field of military and technical aid.

By
Gwynoro Jones
Prospective Labour Candidate for Carmarthen

Nationalists in the South denying Hanoi in action.

(i) Suspension of all U.S. air attacks on North

Ymweliad Gwynfor â Fietnam.

Stori am Huw Thomas a Gwynfor, ond gall fod yn wir am gynifer yn yr ymgyrchu!

SOUTH WALES GUARDIAN   Thursday, May 30, 1968

NATIONALISTS' EMOTIONAL APPEAL TO BLAME FOR BOMB OUTRAGES
—Labour candidate

THE Welsh Nationalist party's "emotional appeal to patriotism" was indirectly to blame for the bombing of the Welsh Office in Cardiff on Saturday.

This was alleged in an UD

they've created in Wales. Appealing to the emotion is a dangerous tactic and history has a lot to teach us on this score.

"In the words of the Sec retary of State for Wales

SLANGING MATCH CONTINUES

THE political slanging match which has developed between Mr. Gwynfor Evans, Plaid Cymru's M.P. for Carmarthen, and Mr. Huw Thomas, prospective Liberal candidate for the constituency continued last week when the 'Journal' received the following letter from Mr. Thomas.

Penawdau fy muddugoliaeth gyntaf.

Noson y fuddugoliaeth, 1970.

Gyda fy rhieni wedi i fi gael fy ethol y tro cyntaf.

I'r Senedd am y tro cyntaf!

Gyda'r rhan fwyaf o'r
Aelodau Seneddol
Cymreig a'r Llefarydd
Selwyn Lloyd, 1971.

Swyddogion y Blaid
Lafur yn yr etholaeth:
Ivor Morris, fy asiant
ar y chwith, a'r un
a ddaeth yn Aelod
Seneddol yr etholaeth
yn 1979, Roger
Thomas, ar y dde.

Dan ddaear ym Mhwll Cwmgwili.

Watch the birdie says Harold

"You have been constantly taking my photograph, now it's your turn to be on the receiving end," said Labour Party leader Mr. Harold Wilson when he visited Carmarthen on Saturday.

So Brynamman photographer Arthur Jones duly obliged. He handed over his camera and posed with young Cennydd, the son of Carmarthen M.P. Mr. Gwynoro Jones.

Arthur and Cennydd smiled as requested. The camera went "click" . . . and here's the result.

Oh yes, and just to put the record straight here's the usual photographic credit line: — PICTURE BY HAROLD WILSON.

Llun o Glyndwr Cennydd a dynnwyd gan y Prif Weinidog Harold Wilson! Mae ym mreichiau'r Cynghorydd Arthur Jones.

Harold Wilson, y Prif Weinidog, ar strydoedd Caerfyrddin. Bu yno dair gwaith mewn pum mlynedd.

Roy Jenkins yng Nghaerfyrddin gydag Ivor Davies, AS Gŵyr, 1974.

Gwynoro speaks in Welsh in Europe *May '74* and translators are speechless!

MR. GWYNORO JONES, M.P. for Carmarthen, became the first delegate to speak Welsh at the Assembly of the Council of Europe and confound the simultaneous translation facilities.

Mr. Jones, speaking about the importance of energy resources, opened his remarks in Welsh. Other delegates waited in vain for a translation through their headphones.

Then Mr. Jones said: "I am grateful to you, Mr. President, for allowing me to say a few words in my mother tongue in order to emphasise that the United Kingdom delegation is made up of representatives of Scotland, England and Wales. Your kindness in allowing me to start my first speech to this assembly in the Welsh language will be greatly appreciated by my fellow countrymen, half a million of whom speak Welsh.

"The council may reflect on the fact that I have spoken more Welsh in the Council of Europe than I have in the par-

"It is clear that we have to concentrate on what we should do in terms of co-ordination and the pooling of resources."

Mr. Jones warned that European oil would not last forever. He said: "I speak as a member of a delegation from a country which is now in a unique position, with this bonanza on its doorstep. It has North Sea oil and will probably soon have Celtic Sea oil also. Nevertheless, we in Britain must also realise that that oil will not last for 100 or 150 years, or even 200 years, but more probably for about 50 years. We must look to the resources we have and realise that our country has this particular resource for a limited time. We must appreciate that in the long term, co-operation will be essential for the countries of the Council of Europe.

"In terms of energy conservation, of energy research and development, we have a great deal

Siarad Cymraeg yn y Senedd Ewropeaidd, Strasbourg.

TWENTY FOUR ATTEND SUNDAY EMERGENCY MEETING

Ministers tell Harold about Gwynoro

DISCUSS EMPTY CHAPELS, THAT'S MORE IMPORTANT

—MP

GWYNORO JONES, M.P.

(The ministers who signed)

Oct 14 1972.

'Political' Ministers accused of emptying chapels

CHRISTIANS OR HYPOCRITES?

MP urges membership showdown

IN a blistering attack Carmarthen M.P. Mr. Gwynoro Jones last week accused ministers of religion of using the pulpit to further the cause of the Welsh Language Society. Mr. Jones, speaking to the Carmel and Mile Labour Party, added that the trend of ministers to "further their cherished dreams" was dividing chapels and driving people away.

Beirniadu'r gweinidogion.

MP makes blistering attack on Welsh Nationalist leaders

April 12th 1974

COULD NOT CHOOSE BETWEEN BRITAIN AND HITLER

First chairman

'If Plaid want a flag let them invent their own'

CARMARTHEN M.P., Mr. Gwynoro Jones last week launched a bitter attack on Plaid Cymru. During the last war, he said, Nationalist Party members stood on the sideline while thousands of Welsh people fought and gave their lives.

These same leaders, he declared, "could not choose between Britain and Hitler." And, he added that there were thousands who vote for the Welsh Nationalists, do so without realising the consequences for Wales and the Party's ultimate aim.

Mr. Jones delivered his blistering no-punches-pulled address at the annual general meeting of the Carmarthen Constituency Labour Party at Llandybie.

First rate

He said: "It is high time...

LIST (a person who believes in an independent state and, like Plaid Cymru, wants a Welsh state established with a seat in the United Nations).

He concluded: "I have a feeling that Nationalists vote for the Nationalist Party without realising the consequences for Wales of that party's ultimate aim.

Mr. Gwynoro Jones, M.P.

lives, for the Principality, between 1939 and 1945.

Mr. W. D. Evans, chairman of the Carmarthen District Council is congratulated on his appointment by the vice-chairman, Mr. Glyn Howell, and the chief executive officer, Mr. J. Thomas, at the first meeting of the council held at the Newcastle Emlyn R.D.C. Offices on Monday.

Sylw ar niwtraliaeth Gwynfor yn yr Ail Ryfel Byd.

M.P. slams publication and asks Plaid chief

Would Hitler have given freedom?

"German invaders could not have caused more than a fraction of the havoc to Welsh national life that the British system had been wreaking for generations."

This extract from a publication "Wales Can Win" by Plaid Cymru president, Mr. Gwynfor Evans, was referred to this week by Carmarthen M.P. Mr. Gwynoro Jones, when he addressed the Carmarthen Borough Labour Party.

"But according to him these wars were waged 'not to defend anything of great value to the Welsh people'.

"Not of great value? What about family life? What about freedom of expression? And what about religious freedom?

"But far worse in my view was Mr. Evans' apparent acceptance that those who fought in the 1939-45 war were de-

...Britain.

"Was the choice that difficult Mr. Evans? What would the fate of Wales have been if Hitler had been allowed to proceed unchallenged?"

Said Mr. Jones: "The worrying point is that these are the views of the reputed moderates in their nationalist party.

"What, one wonders, are the views of the reckless fringe...

Yn fy nhyb i, peth cywilyddus i'w ddweud.

Y teulu, gan gynnwys Gelert y ci, o bamffled ymgyrchoedd 1974.

Welsh is not Plaid prerogative

The Editor, Carmarthen Times

Sir,—I read Mr Gwynoro Evans article in your issue of 29th March with interest and I would like to comment on one issue he raised.

It is true that no Member of Parliament in 1976 asked for facilities to take the oath in Welsh and I for one am sorry that this was so. However, as Mr Evans to accept from me that, at least two of us, Gwynoro Jones and myself, fifteen months ago decided that we would rectify matters at the next opportunity if we were returned to Parliament and we mentioned our decision to some of our colleagues at that time.

At the start of this Parliament there was all-party agreement that we should seek to make the necessary arrangements and a joint deputation met the Speaker with this in view.

I accept that in the event Labour members prevented Plaid Cymru members in taking the oath in Welsh merely because of the fortuitous choice of the order of members but each taking and we claim no credit for being first in the field.

Mr Dafydd Elis Thomas did not prepare his translation of the oath at my desk indeed I had hoped to get a Welsh version prepared by the Clerk of the House through official channels, rather than use the one prepared by Mr Thomas.

This was not because I doubting his version which in fact was couched in Mr Thomas customary delectable Welsh and which if anything was more powerful than the English oath, but because I would have forced Wednesday mornings sleep even further to words composing my language.

I am sure that Mr Evans will accept that there are many of us in the Labour Party who are concerned to secure Welsh and to ensure that it gains no more than the rest of the United Kingdom.

TOM ELLIS
M.P. for Wrexham

the prerogative of Plaid Cymru alone but as the rich inheritance of all parties and I claim that my party too has not only done much for the language but will do more in the future too etc. etc.

The take-off point

The Editor, Carmarthen Times.

Sir,—A recurring theme in Mr. Gwynoro Jones's recurring attacks on Plaid Cymru is that the Party won only 10 per cent of the Welsh vote. Mr. Jones, with his majority of 3, should be the last to give constant circulation to this inaccuracy. Plaid Cymru had in fact 10.8 per cent of the vote.

Mr. Jones cannot claim that he is giving the figure to the nearest one per cent. Apparently, to him, 9.8 per cent is neither here nor there that as a proportion of the Welsh vote, 10.8 per cent is twelve times Labour and Plaid Cymru's total vote in Wales in 1931 was only some thing over 10,000.

Twelve thousand are a lot of people. Would not Mr Jones have been glad to win 12,000 more Welsh people voting for the Labour Party this time instead of 36,445 less!

Even as a proportion of the Carmarthen constituency vote 9.8 per cent is four minutes. Would not Mr Jones have willingly given his despised 9.8 per cent to add to his majority?

It is true that in Wales as a whole we as Mr. Jones keeps reminding us — the total Plaid Cymru vote dropped by 3,674. But the Labour vote dropped by 36,445. It is dropping steadily, the lowest vote since 1935.

Even in Carmarthen Labour polled its lowest vote for 45

Tom Ellis AS yn cyfrannu at ddadl yr iaith yn un o bapurau fy etholaeth.

EISTEDDFOD '74

'Three-vote' Jones waves his magic TV channel wand

CARMARTHEN, Friday.

By PETER DAVIES

WITH EXILES Day, there's a feeling we're all inside the furlong pole in this year's National Eisteddfod.

It's traditionally a lachrymose event, and masses of people flock from all over the world to get a whiff of that green, green grass of home.

The exiles are those people who want to get back here so much that the *hiraeth* is giving them a really bad time as the dollars rattle into their bank accounts in Chicago and Quebec.

Actually they get very uptight

to hold on to the language and hope for a heavenly wind to blow.

In fact, with Gwynoro Jones giving us a precis of the genesis and development of the Welsh hymn in his speech as president of the day, it's been an afternoon of pious thoughts, here at the Eisteddfod.

With the festival motoring along in low key up until now this is the afternoon everyone has been waiting for and at 3 p.m. we are all packed into the pavilion to hear what he is going to say.

The big question is, "What will happen when the Labour M.P. for Carmarthen he Three votes in the

but we are all amazed at this dramatically-reduced time-scale I mean, is the reanimation, which is currently beavering away for the future of broadcasting, not due to report its conclusions until the year of grace 1979?

Well, we are, after all, in the Vale of Merlin, and I suppose guys who have been living in this atmosphere of wizardry all their lives should know a miracle in the offing when they see it. Anyway, Mr. Jones gets a big hand for his remarks, so, presumably, his fellow Myrddinites are confident, too.

Meanwhile, down in the Tŷ Bach, Archdruid Brinli has been presented with a self-portrait stitched

Erthygl ar fy araith yn Eisteddfod Genedlaethol Caerfyrddin 1974.

WINDSCREENS
CLARK EATON'S

WESTERN MAIL
THE NATIONAL NEWSPAPER OF WALES

Saturday, March 2, 1974   No. 32,547   4p

VW LARGEST VW DEALER IN WALES
Gerry Hill

Gwynfor loses to Gwynoro by just three votes

By DAVID HEWITT

A TINY Labour majority of three votes prevented Plaid Cymru doing a general election hat-trick by winning Carmarthen as well as Caernarvon and Merioneth.

Two days of election drama ended last night when Plaid Cymru president, Gaynor Evans, conceded to Gwynoro Jones, the sitting Labour M.P.

The majority of three came after three recounts.

Mr. Jones came out ahead of Mr. Evans in four of the five counts, but in each case the margin was just a hair's breadth. After the third recount only one vote divided the two men.

The result was:
*G. O. Jones (Lab.) 17,165
G. R. Evans (Plaid) 17,162
D. R. Owen-Jones (L.) 9,698
H. Newton-Dunn (C.) 4,837

Maj 3

The lemon held up the flag. At 1.15 a.m.—the first count ended. From the flurry of activity among party agents around the remaining tables, Mr. Gwynoro Jones's position became apparent there would be a recount. Apparently there was a difference of...

only 10 votes in it, with Mr. Jones polling 17,168 and Mr. Evans 17,158.

4.15 a.m. — things became feverish within the hall. A second recount was announced. After the difference had been even closer—Labour by three votes.

4.50 a.m.—The count was out and this time Mr. Evans is ahead by one! The Labour agent, Mr. Ivor Morris asked for a recount, but the tired and bleary-eyed count officials and clerks were to be given a break. The returning officer said the count would be adjourned until...

4 p.m.—The third recount starts with a milling crowd of more than 1,000 in Guildhall Square waiting for the result.

7.30 a.m.—The closest finish possible. Only one vote separates the two and the returning officer says there will be yet another recount.

10 p.m.—After the final recount, the crowd outside learn that Mr. Evans has conceded defeat.

When the result was being announced crowds sang "the national" anthem in Guildhall Square.

There were tremendous cheers and chants of "Gwynfor Gwynfor." As the candidates from out on the balcony for the public announcement of the result.

When Mr. Gwynoro Jones tried

to speak there was uproar and Mr. Gwynoro Evans had to appeal for the crowd to keep quiet and to be courteous to Mr. Jones.

When Mr Evans's turn came to speak, there was renewed chanting with loud cheering and picking up the mood of the crowd he said, "We have fought a wonderful and historic fight to within only a hairs-breadth from winning the seat for Wales."

"However the banner of Labour keeps flying above us, although it is somewhat tattered now. But the day will come before long when we will pull down that Labour banner and replace it with the Red Dragon."

"The result in Carmarthen is a bit for us all. It is a clear message to the English Government warning them that we are not going to suffer for much longer without our own government."

"The message is even clearer from Merioneth and Caernarvon where we have won glorious victories."

Mr Gwynoro Jones said, "Carmarthen has lived up to its reputation of having independence of mind and a willingness to disregard national trends.

"Churchill said at one time, 'One is enough'; there, I would say, is more than enough.

"With the sad results for my hardworking colleagues in the last Parliament, it seems I have been left to hold the Labour fort on the western front of Wales."

One of the biggest cliff-hangers in election history was raised by the number of spoiled votes and the papers which were not legally perforated.

Altogether there were 27 spoilt votes in the poll of more than 50,000. Fifty-seven were rejected because they lacked the official mark or perforation, 27 were rejected because votes for more than one candidate were made on the slips.

A further two were discounted because of writing and marks on the voting slips and a further 14 were declared void because they were unmarked.

When the count was suspended in the early hours of yesterday morning the two men were home, Mr. Jones had a few hours sleep, but Mr. Evans only managed to sleep for one-and-a-half hours.

This was not the first time a recount had been necessary in a Carmarthen election. In 1966 the Liberals in by 107 after two recounts.

In 1931 things had to be brought in when statistics were reached in an election. Then the Labour candidate fired an uncle and even then the margin later and even then the victorious M.P.'s car stoned as he was chaired by his supporters.

GWYNFOR EVANS ... "Labour flag is tattered"

GWYNORO JONES ... "Three is more than enough."

Colli o dair.

Ennill o dair
yn *Y Cymro*.

Dydd Gŵyl dau Ddafydd

Rhown Gymru ac Arfon yn gyntaf

Wedi'r aros hir doedd dim ond tair pleidlais yn eu gwahanu

Cofeb i T. Gwynn Jones

BOOK NOW from
Jonwyn Transport
15 BARN ROAD CARMARTHEN
Tel. 5758 After Hrs. 7657

CARMARTHEN TIMES

A Newspaper For The County of Carmarthen

REGISTERED AT THE G.P.O. AS A NEWSPAPER AND PUBLISHED AT 54 BLUE STREET, CARMARTHEN. TELEPHONE 6459 & 6450

496   CARMARTHEN TIMES, March 8th, 1974

SORRY IF WE WERE A BIT LATE —WE HAD A NIGHTMARE!

By 'Times' Editor
John Hughes

Effaith yr ailgyfri ar y *Carmarthen Times*!

Y CYMRO

LLANG-EF N1 722950

Owens Gwynedd & Co

The National Welsh Newspaper

DYDD MAWRTH, HYDREF 5, 1974 THE WELSHMAN Tel: Oswestry 331 TUESDAY, OCTOBER 6, 1974

CYF YS

CANOLFA CHWARAE ABERYST Rh. 7585

Stori'r *Cymro* ar Etholiad Hydref 1974.

LLYN EBENEZER YN ETHOLAETH CAERFYRDDIN

RHWNG GWYNFOR A GWYNORO

Gwynoro Jones, gyda'i wraig Laura, a rhai o'i gwrthwyr Llafur.

Gwynfor yn y farchnad gyda'r Hormwyr

Bydd llygaid pawb ar yr etholaeth hon

Am tua dau o'r gloch fore dydd Gwener te fydd medydyliau Cymru gyfan, os nad Prydain oll, yn troi at Gaerfyrddin.

Bryd hynny y disgwylir cyhoeddi canlyniad etholiad sydd, ers wythnosau, wedi tanio dychymyg y genedl yn fwy na'r un etholiad arall ers blynyddoedd.

Pwy na chofia i bum cyfrif gael cynnal yn yr Etholiad diwethaf...

AFTERMATH OF THE ELECTION

● Gwynfor Evans acknowledges the cheers from the thousands-strong crowd.

● Gwynoro Jones begins to clear up his parliamentary mail before passing the correspondence on.

Stori Hydref 1974.

The victor

A CAVALCADE of 30 vehicles yesterday afternoon a horde and plethora 10 houses in the Isle of Phil Cymru's greatest, Mr. Gwynfor Evans.

All the fuss leaves Gwynfor unperturbed

The vanquished

GELLIGATE, AGED 21, heavyweight pure experience on Labour M.P. whose position is marked enough, enormity or public solution...

Unemployed Gwynoro has time on his hands

● A new form of crowd control ... Chief-superintendent Fisher leads the hymn-singing before the result was announced.

Hymns that may have saved lives

Police chief tells why he got crowd to sing

Western Mail Reporter

SINGING POLICEMAN Vivian Fisher explained last night why he conducted the community hymn-singing at Carmarthen on election night while thousands waited for the result.

Chief Superintendent Fisher...

Y Prif Uwcharolygydd Viv Fisher yn cadw trefn ar y dorf trwy arwain canu emynau! Hydref 1974.

Cyhoeddi yn 1977 na fydden i'n sefyll yn yr Etholiad Cyffredinol nesaf.

Rhan o fy nghasgliad llyfrau sgrap sy'n llawn straeon o 1966 tan 1974 – a thu hwnt!

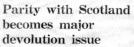

Stori adeg cyhoeddi adroddiad Kilbrandon ar ddatganoli.

ROOTLESS AND MISTAKEN

Carmarthen, Llandeilo: "No Welsh except on market days"

WHEN the Welsh Nationalists won the 1966 by-election, voters in the Carmarthen constituency were the most enlightened and wonderful people. Now they are "rootless and mistaken" according to "Taliesin" a Welsh literary magazine.

Ymosodiad anhygoel ar etholwyr Caerfyrddin yn y cylchgrawn Cymraeg *Taliesin* ar ôl i Gwynfor golli ym Mehefin 1970.

Gwynfor and I are poles apart

says Gwynoro Jones

(prospective Parliamentary Labour candidate for Carmarthen)

OVER the last few months the Labour Government has received a great deal of criticism and adverse publicity from a variety of sources. But amidst all this I feel it is one of my duties to speak out on the Government's behalf regarding a great deal of good work which the Labour Government has done in Wales.

"Britishness...is a political synonym for Englishness which extends English culture over the Scots, the Welsh, and the Irish."

Gwynfor Evans

Gallai fy llun i fod wrth ochr y geiriau hyn!

…neu tybed a oedden ni? Darllenwch y bennod olaf.

Increased enthusiasm and the unrealistic outbursts of Plaid Cymru has made Labour the strongest political force in the county.

A hyn i gyd mewn cyfnod pan oedd hi'n go anodd ar y Blaid Lafur, fel y nodais eisoes. Wedi hynny roedd penawdau fel 'Labour Will Win Back Carmarthen' i'w gweld yn llawer mwy cyson. Roedd un pwnc penodol lle ro'n i'n gosod fy hunan rywfaint ar wahân i rai o ymgeiswyr eraill y Blaid Lafur. Twristiaeth. Dwi wedi nodi'n barod y ddadl ynglŷn â Shoeburyness, Pembre a Phentywyn a'r ffaith fy mod yn erbyn y cynlluniau mewn egwyddor, tra roedd Denzil Davies o'u plaid. Fel y cyfeiriais ato eisoes, ym mis Mai 1970, ysgrifennais erthygl i'r *Carmarthen Times*, dan y pennawd bachog, 'We want bread and butter before buckets and spades'.

> We have heard a lot of talk about estuarine barrages, about the conservation of beauty, about the potential of Pembrey as a tourist attraction. In fact we have heard a lot of pie-in-the-sky talk... Let those who object to the Pembrey gun range give viable alternatives. It is their moral duty.

Roedd Gwynfor yn un o'r rhai yr oeddwn yn galw arnyn nhw i gynnig gwell awgrymiadau. Wedi ymweld â Phentywyn sawl gwaith, fe ddes i gasgliad pendant:

> I am of the opinion that there is not sufficient evidence to oppose the proposed Pembrey range... I am not prepared to throw away 530 jobs at Pendine. Let us not throw away in Carmarthenshire over 1000 permanent jobs between Pendine and the Pembrey proposal, plus 1000 construction jobs for at least five years without making sure there is alternative employment.

Roedd canol Mai y flwyddyn honno yn adeg Cynhadledd Flynyddol y Blaid Lafur yng Nghymru. Roedd yn cael ei chynnal yn Llandudno. Ar y nos Wener, fe ddaeth y trefnydd cenedlaethol, Ron Hayward, lan ata i. Roeddwn i'n disgwyl iddo ofyn i fi ddechrau'r canu, gan bod hynny'n arferiad yn nigwyddiadau'r blaid. Ond na. Yn hytrach, gofynnodd i fi pam roeddwn i'n dal yn y gynhadledd. Doeddwn i ddim yn deall. Esboniodd fod Harold Wilson yn mynd i gyhoeddi dyddiad yr etholiad cyffredinol y Llun canlynol. Felly, heb ddweud dim wrth neb, arhosodd Laura a fi yn Llandudno'r noson honno, ac yna mynd yn syth 'nôl i Gaerfyrddin yn gynnar bore Sadwrn. Ar y bore Sul, galwyd cyfarfod y tîm ymgyrchu a chefais gyfle i ryw led-awgrymu y byddai cyhoeddiad pwysig gan Harold Wilson y diwrnod canlynol. Dyna ddigwyddodd, ac fe gyhoeddodd y byddai'r Senedd yn cael ei diddymu ar 29 Mai ac y byddai'r etholiad ar 18 Mehefin.

Roeddwn i wedi bod wrthi'n ymgyrchu i bob pwrpas ers tymor yr hydref 1967 yn ddi-stop. Roedd Laura yn eithriadol o weithgar trwy'r holl gyfnod, hyd yn oed pan roedd y plant yn fach. Mae'r dyfyniadau papur newydd lluosog sydd yn y gyfrol hon yn dangos bod llythyru ac ysgrifennu erthyglau yn digwydd yn wythnosol mewn mwy nag un papur newydd. Roeddwn wedi bod i bob ffair, carnifal, cyngerdd a sioe amaethyddol yn yr etholaeth, ac wedi shiglo miloedd o ddwylo a chusanu cannoedd o fabis! Daeth yn amlwg i fi yn gynnar wedi cael fy newis bod angen ailgysylltu â'r bobol yn yr etholaeth a dim ond un ffordd oedd i wneud hynny, sef eu cyfarfod wyneb yn wyneb.

Ond nawr roedd angen newid pwyslais a chodi stêm wrth i'r frwydr go iawn ddechrau. Daeth yn amlwg o'r eiliad cyntaf y byddai'n frwydr ffyrnig. Yn ei araith yn ystod y cyfarfod i'w fabwysiadu'n ymgeisydd swyddogol ar gyfer yr etholiad, dywedodd Gwynfor Evans:

> We can be under no illusion as to the character of the election. It will be a hard fight. Ever since Carmarthen was won for Wales the Labour party has concentrated on winning it back for Labour. This is why we have seen so many Cabinet Ministers and even the Prime Minister in Carmarthen. But Labour's greatest advantage comes from rigging the election against us on television.

Ac wrth gwrs, roedd yn gyfle iddo ddefnyddio un arall o'i honiadau ysgubol, di-sail:

Every concession made to Wales since the war has been won by the growth of Plaid Cymru.

Ffwlbri llwyr!

Trodd yr ymgeisydd Ceidwadol, Lloyd Harvard Davies, a'r ymgeisydd Rhyddfrydol, y darlledwr Huw Thomas, eu sylw at Gwynfor yn eu cyfarfodydd mabwysiadu hwythau hefyd. Lloyd Harvard Davies yn gyntaf:

If his record since his arrival at Westminster is any guide, then we can truthfully assume that no journey in Welsh history was as purposeless as this.

Ac yna Huw Thomas:

The Welsh Nationalists think with their blood instead of their heads.

Roedd ysbryd yr ymgyrch oedd i ddod wedi ei selio o'r diwrnod cyntaf.

Cafwyd un datblygiad pwysig rai dyddiau wedi'r cyfarfodydd mabwysiadu ar ddiwedd mis Mai. Diddorol darllen yn y *Carmarthen Times*:

Carmarthen Labour Club was granted an extension of licensing hours until 2am on election night, June 18th, by Carmarthen Magistrates on Monday. The application was made for members wishing to follow the election broadcasts on the club's colour television.

7

Yr ymgyrch a'r noson fawr

ROEDD CRYN DIPYN o sylw ar etholaeth Caerfyrddin o'r funud cafodd dyddiad yr etholiad ei gyhoeddi. A fyddai Gwynfor yn gallu dal gafael ar ei sedd? Dyna'r cwestiwn mawr i gyfryngau'r cyfnod. Cafwyd sawl dadansoddiad am natur yr etholaeth, cryfderau a gwendidau'r pleidiau wrth reswm, ond mae un yn crynhoi'r sefyllfa yn go glir. Fe ddaeth Dennis Johnson, o bapur y *Guardian*, i'r etholaeth am rai dyddiau ym mis Mehefin. Pennawd yr erthygl a gyhoeddwyd yn sgil ei ymweliad oedd 'Carmarthen – Plaid Cymru's magic may have faded'.

Mae'n disgrifio natur yr etholaeth yn gryno, gan ddechrau â chrynhoad o arwyddocâd canlyniad isetholiad 1966 pan enillodd Gwynfor.

> Thousands of delirious supporters gathered to cheer Mr Evans in what the Nationalists have now come to regard as those rather magical early hours of July 15, 1966... Nothing would be the same again for Wales or Carmarthen said the bright-eyed victor who had even surprised himself. Almost four years later, things don't seem to be quite the same at all.

Mae'n dweud wedyn i Gwynfor '...shot his bolt with too much protesting and too little influence on main stream politics at Westminster.' Meddai wedyn:

> No one however is suggesting that the Nationalists have lost their appeal. They made a profound impact on the intellectuals, with much of the teaching profession totally committed, and much of this influence remains. West Wales still has, at the very least, a passionate interest in devolution and detests remote control.

Mae'n rhagweld y byddai'r etholiad yn frwydr dair ffordd go agos, gyda'r Rhyddfrydwyr a Phlaid Cymru yn denu nifer sylweddol o bleidleisiau, ond mai'r Blaid Lafur fyddai'n ennill.

> For one thing, Carmarthen has still not shaken free of Lady Megan whose brinkmanship between Liberal and Labour had the constituency confused right to the end. Because of what happened at the by-election, no one still knows for sure how much of her vote was Labour, how much Liberal (many old Lloyd Georgians still cannot believe she was anything else) and how much Lady Megan.

Ystyriaeth ganolog arall, fel cefnlen i sylwadau Dennis Johnson, oedd natur yr etholaeth ei hun. Mae mwyafrifoedd digon tenau yn rhan hanesyddol o fywyd etholiadol y sir, heb os! Yn y saith etholiad rhwng 1928 a 1951, er enghraifft, y mwyafrif mwyaf a sicrhawyd gan unrhyw ymgeisydd oedd 1,279. Roedd mwyafrif o lai na mil ym mhedair o'r etholiadau ac un mor isel â 47. Fe fydden i'n mynd â'r duedd honno i'r eithaf yn y blynyddoedd i ddod!

Mae yna ddwy stori yn y *Guardian* a ddaeth o sgyrsiau a gafodd Johnson ar strydoedd y dre. Mae'r gyntaf yn ddigon doniol os nad yn werthfawr tu hwnt. Mae'n adrodd sgwrs a gafodd gyda chynghorydd:

> I'm on the Borough Council and I was given a lift to some meeting by a colleague who turned up in a Rolls Royce and said, 'Here, man, let me shift this straw out of your way first.' Folk tale or not, that's Carmarthen.

Mae'r ail stori yn dipyn mwy arwyddocaol. Cafodd Johnson sawl sgwrs gyda ffermwyr Caerfyrddin, ac mae'n cofnodi un gyda ffarmwr adnabyddus o Lansteffan, mewn smoc amaethyddol ar Sgwâr y Dre, dyn oedd yn gymeriad adnabyddus iawn ar ddiwrnod marchnad. Roedd ei ymateb i'r Aelod Seneddol ar y pryd yn ddigon amlwg ac yn crynhoi'r hyn roedd nifer yn ei gredu:

We didn't get ourselves a local MP. We got ourselves a bloody Messiah!

Ymgyrchu a thaflenni

Roedd symud i gyfnod yr ymgyrchu swyddogol a ffurfiol yn fwynhad llwyr i fi ac yn gyfle i uno fy ngwaith bob dydd ym myd marchnata gyda'r frwydr etholiadol. Yn un peth, roedd fy ngwaith gyda'r Blaid Lafur yn rhoi cyfle cyson i fi fynd i gyfarfodydd gydag ymgyrchwyr gwleidyddol llawer mwy profiadol na fi. Roedd hyn yn cynnwys cyfarfodydd rheolaidd gyda George Thomas yn rhinwedd ei waith fel Ysgrifennydd Gwladol Cymru a chysylltiad cyson gyda Harold Wilson y Prif Weinidog hefyd.

Roeddwn wedi sylwi, rai misoedd ynghynt, ar natur ymgyrch un ymgeisydd o'r Alban, a'r ffaith iddo ddefnyddio taflenni ymgyrchu digon trawiadol. Penderfynais wneud yr un peth. Paratoais ddwy daflen ar ffurf atodiad mewn papur newydd. Roedd un ychydig yn fwy na'r llall ac yn canolbwyntio arna i trwy sôn am lwyddiannau a pholisïau'r Blaid Lafur; dyma'r *Labour Election Special*. Roedd pwyslais y llall arna i fel ymgeisydd; dyma'r *Your Labour Candidate*. Roedd pethau tebyg yn gymharol newydd mewn brwydrau etholiadol yn y cyfnod. Dwi'n cofio rhoi stribed goch yn amlwg ar dudalen flaen y ddau. Mae gan yr un sy'n canolbwyntio mwy arna i na'r blaid sawl stribed goch ar y blaen. Roeddwn yn gwybod am effaith defnyddio lliw, a choch yn enwedig, ar ddeunydd cyhoeddusrwydd.

Roedd y ddau gyhoeddiad yn ddwyieithog, ond nid hanner yn hanner. Roedd defnyddio'r Gymraeg yn hollbwysig i fi, ac yn y daflen fwyaf, mae yna adran yn delio â'r iaith yn benodol. Dyma'r paragraff agoriadol:

> Yn Rhagfyr 1965, dywedodd Mr James Griffiths, yr Ysgrifennydd i Gymru ar y pryd, wrth yr Uwch Bwyllgor Cymreig, y byddai'r llywodraeth Lafur yn gwneud yr hyn oedd yn rhesymol ac yn

ymarferol i roi dilysrwydd cyfartal i'r Iaith Gymraeg. Yn ddi-stŵr bu'r Llywodraeth Lafur wrthi'n dawel yn cyflawni'r addewid hwn.

Wedyn, dwi'n nodi enghreifftiau penodol o'r hyn a wnaed ar ran yr iaith gan Lafur, yn dechrau gyda Deddf yr Iaith Gymraeg 1967. Cam mawr y ddeddf oedd newid y gwaharddiadau cyfreithiol ar ddefnyddio'r Gymraeg. Wedi hynny roedd yn bosib defnyddio'r Gymraeg mewn achosion cyfreithiol yng Nghymru, er enghraifft. Dw i'n nodi sawl enghraifft arall, sydd wedi cael eu crybwyll eisoes yn y llyfr hwn. Erbyn blwyddyn yr etholiad, dwi'n nodi yn y daflen, roedd 230 o ffurflenni'r llywodraeth yn Gymraeg neu'n ddwyieithog. Ym mis Ebrill y flwyddyn honno, roedd disgiau trwydded car ar gael yn ddwyieithog hefyd. Yna dwi'n nodi cefnogaeth ariannol fwy uniongyrchol:

Dros y bedair i bum mlynedd ddiwetha mae y Llywodraeth Lafur wedi bod yn hael iawn gyda'i grantiau i'r Urdd – dros £70,000. Yna rhoddwyd dros £28,000 i Gyngor y Celfyddydau er mwyn hyrwyddo llenyddiaeth Gymreig.

Dwi'n cloi'r adran hon trwy ddweud:

Yn y pen draw nid y llywodraeth ond agwedd y bobl yng Nghymru fydd yn penderfynu dyfodol yr iaith.

Roedd yn hollbwysig i fi gynnwys y fath adran gan ei bod yn fy ngwylltio i Gwynfor a'i ddilynwyr roi'r argraff mai nhw yn unig oedd yn caru'r iaith. Roedd y Blaid Lafur wedi gwneud cryn dipyn drosti. Ac yn sicr, roeddwn i'n frwdfrydig dros ddiogelu'r iaith. Mae hyn yn enghraifft bellach o nonsens Gwynfor yn dweud na wnaeth y Blaid Lafur ddim byd dros Gymru erioed – dyma enghreifftiau penodol yn y maes oedd mor agos at ei galon yntau!

Mae yna fwy amdana i yn bersonol yn y daflen ymgeisydd. Mae llun a bywgraffiad cryno ohona i, ynghyd â llun a bywgraffiad o fy ngwraig Laura. Fe chwaraeodd hi ran ganolog yn yr holl ymgyrchu. Un o'r strategaethau a ddefnyddiais oedd i Laura fynd allan gyda grŵp o ymgyrchwyr i ardaloedd gwahanol yn yr etholaeth yn ystod y dydd, ac yna bydden ni'n dod 'nôl at ein gilydd ar gyfer cyfarfod cyhoeddus gyda'r nos. Roedd ei phersonoliaeth wresog a'i hyder yn gaffaeliad mawr i'r tîm ymgyrchu. Ac roedd hynny'n wir am yr holl gyfnod ers 1967.

Patrwm y brwydro

Roedd y tîm ymgyrchu yn cael ei arwain gan Ivor Morris, ac roedd ugain o gydlynwyr lleol yn gweithio iddo trwy bob ardal yn yr etholaeth. Byddai diwrnod ymgyrchu yn dilyn yr un patrwm: ymgyrchu, dosbarthu taflenni a chanfasio mewn rhyw chwech ardal, gyda thri cyfarfod cyhoeddus yn y nos. Roedd pob plaid yn cyhoeddi rhaglen o ymweliadau'r wythnos yn y papurau lleol trwy brynu hysbyseb tudalen lawn. Pa mor wahanol yw hi heddiw!

Roeddwn i'n mwynhau'r ymgyrchu, cyfarfod y bobol a'r cyfarfodydd cyhoeddus. Ond doeddwn i ddim yn or-hoff o'r canfasio o dŷ i dŷ. Wnes i fawr ddim trwy'r ymgyrch. Y cyfarfodydd cyhoeddus oedd y diléit mwyaf, mae'n siŵr, ac roedd fy hoffder o drin a thrafod, ac o annerch, yn dod o'm dyddiau yn yr Ysgol Sul. Yn y pentrefi bach, byddai rhyw gant ym mhob cyfarfod a rhyw dri, pedwar cant yn y pentrefi mwyaf a'r trefi. Roedd cyfarfodydd Gwynfor yn denu'r un nifer ac mewn sawl man roedd Huw Thomas yn denu'r torfeydd hefyd. Yn wir, tua diwedd yr ymgyrch, fe rannodd Huw a finnau'r un llwyfan mewn cyfarfod cyhoeddus, un yn siarad ar ôl y llall, a chefnogwyr y ddau ohonom yn y gynulleidfa. Un o'r achlysuron hyn oedd y nos Fawrth cyn y pleidleisio a Neuadd y Dre Cydweli dan ei sang. Am ryw reswm, doedd fawr ddim trafod rhwng yr ymgeiswyr y dyddiau hynny ac, yn anffodus, fues i ddim yn dadlau'n uniongyrchol gyda Gwynfor.

Dros y Mynydd Du

Pump diwrnod cyn y pleidleisio, cyhoeddodd y Blaid Geidwadol ganlyniad pôl piniwn yn dweud mai fi fyddai'n ennill o ryw ddwy fil o bleidleisiau a dyna oedd barn y bwcis lleol hefyd. Dwi'n cofio i'r tywydd fod yn braf iawn yn yr wythnosau hynny. Yn sicr roedd yn braf iawn y noson cyn y pleidleisio. Roedd hynny'n beth da am i ni drefnu gorymdaith o ryw hanner cant o geir i deithio trwy'r sir. Fe ddechreuon ni yng Nghaerfyrddin, wedyn i San Clêr a Hendy-gwyn ar Daf, ar hyd yr A40 i Landeilo a Llanymddyfri a dros y Mynydd Du tuag at Gwmllynfell. Profiad gwefreiddiol oedd clywed pawb yn canu emynau ar y mynydd! O Gwmllynfell wedyn i Frynaman i lawr ar hyd Dyffryn Aman ac i Gwm Gwendraeth. Wedi chwe awr ar yr hewl, roedd cyfarfod cyhoeddus yn ysgol Maes yr Yrfa, Cefneithin. Roedd Laura a fi mewn jîp heb do ar hyd y daith. Roedd fy nhad, oedd yn saer coed, wedi gwneud ffrâm bren i'n cadw ni i gyd yn saff yn y cefn ac roedd y Ddraig Goch yn chwifio oddi arno.

Wrth ddod i Gefneithin o Gors-las, ro'n i'n gallu gweld cannoedd o bobol y tu allan i'r ysgol. Rhaid cyfadde i hynny greu cryn argraff emosiynol arna i ac fe ddechreuais lefain. Roedd yn olygfa anhygoel a'r croeso gan bobol oedd wedi fy adnabod ers fy mod yn blentyn yn wefreiddiol. Roedd cefnogaeth parod a chyson y bobol o'm milltir sgwâr wedi bod yn gefn i fi o'r dechrau.

Ond roedd hi'n gallu bod yn dalcen digon caled yn yr ardal honno hefyd. Roedd gan Blaid Cymru ei hymgyrchwyr brwd, pobol fel Dai Culpitt a Jac Davies. Roedden nhw'n ddigon cyfeillgar â fi yn bersonol. Ond roedd un person dipyn mwy maleisus ei agwedd. Doeddwn i ddim yn gwybod pwy oedd e ar y dechrau. Ryw flwyddyn cyn yr etholiad, dechreuodd llythyron gyrraedd cartre fy rhieni. Roedden nhw wedi eu postio gan bobol o wahanol fannau drwy'r etholaeth, mor bell i ffwrdd â Rhandirmwyn ger Llanymddyfri. Roedd y rhai a gysylltodd â fy rhieni wedi derbyn amlenni â'r geiriau *Please Open Me* arnyn nhw. Y tu fewn, roedd darn o bapur wedi ei ysgrifennu yn fy enw i yn brolio fy hunan ac yn dweud pa mor arbennig oeddwn i. Cysylltais â'r heddlu ond doedd fawr ddim y gallen nhw ei wneud. Tan i ni gael ymwelydd yng nghartre fy rhieni rai misoedd wedyn. Rhoddodd lythyr i fi, yn nodi rhyw bwnc lleol yr oedd angen rhoi sylw iddo. Yn syth, fe wnes adnabod y llawysgrifen. Wnes i ddim dweud dim wrth y dyn hwn, ond cysylltais â'r heddlu i ofyn iddyn nhw gael gair tawel gydag e. Roeddwn yn adnabod y dyn yn iawn, roedd yn gynghorydd annibynnol ar Gyngor y Plwyf ac yn ffrind i'r teulu. Rhyfedd beth mae rhai pobol yn barod i'w wneud yn enw etholiad!

Fel y nodais eisoes, cefais dderbyniad gwresog iawn yn Llangadog, sef pentre Gwynfor, wrth gwrs. Cefais gryn dipyn o gefnogaeth yno. Ond roedd cefnogwyr y Blaid wedi bod yn brysur yn rhoi posteri ymhobman. Cefais alwad ffôn gan David Hewitt, gohebydd y *Western Mail*.

> The poster count on the roads and hedges doesn't look good for you, Gwynoro.

Fy ateb oedd:

> According to the hedges Gwynfor has won, but according to the houses, I have!

Roedd diwrnod y bleidlais yn agosáu. Does dim dwywaith i'r frwydr fod yn un ffyrnig, a'r papurau lleol yn blatfform i'r brwydro. Daeth geiriau Gwynfor ar ddechrau'r ymgyrch yn ddigon gwir, 'Let's not kid ourselves – this will be a tough scrap.'

Dydd Iau, 18 Mehefin 1970

Roedd un newid amlwg yn y patrwm pleidleisio arferol wrth i 18 Mehefin wawrio. Byddai'r gorsafoedd pleidleisio ar agor tan ddeg o'r gloch y nos, yn lle naw o'r gloch fel roedden nhw wedi bod tan hynny. Y nod, mae'n amlwg, oedd ceisio denu

mwy o bobol i bleidleisio. A rhaid nodi mai dyma'r Etholiad
Cyffredinol cyntaf pan oedd hawl pleidleisio yn ddeunaw oed.
Anfonais gyfarchion pen-blwydd at bob un yn yr etholaeth wrth
iddyn nhw gyrraedd eu deunaw oed, bron bob blwyddyn ers i fi
gael fy newis yn ymgeisydd. Roedd y tywydd yn help mawr ar y
diwrnod hefyd. Roedd yn heulog braf ac roedd y gwaith o fynd
rownd yr ardal gydag uchelseinydd, i annog pobol i bleidleisio,
dipyn haws.

Wrth i'r diwrnod fynd yn ei flaen doedd dim diffyg hyder yng
ngwersyll y Blaid Lafur yn y dre na'r ardal chwaith. Ond roedd
yr un peth yn wir am wersyll Plaid Cymru. Roedd yna awydd
cryf i brofi nad ffliwc oedd buddugoliaeth 1966 ac, wrth gwrs,
roedd perfformiadau calonogol y Blaid mewn ambell etholiad
ers hynny, a'i chynnydd mewn aelodau yn y cynghorau lleol,
yn bwydo ei hyder ymhellach.

Does fawr ddim y gallwch ei wneud ar y diwrnod ei hun,
heblaw sicrhau bod cymaint â phosib o'ch cefnogwyr yn
pleidleisio. Mae popeth wedi ei wneud i bob pwrpas. Felly,
wedi teithio rhywfaint i annog pawb i bleidleisio, daeth amser
cau'r gorsafoedd a dechrau'r cyfrif. Roedd torf enfawr wedi
ymgasglu ar sgwâr Caerfyrddin erbyn hynny, rhai miloedd yn
sicr. Cefnogwyr Plaid Cymru oedd y rhan fwyaf, yn creu adlais
o'r golygfeydd ar y sgwâr bedair blynedd ynghynt.

Roedd y canlyniad yn barod erbyn 3 o'r gloch y bore. A
dyma sut y rhannwyd pleidleisiau pobol Caerfyrddin:

Lloyd Harvard Davies (Ceidwadwyr) 4,975
Gwynfor Evans (Plaid Cymru) 14,812
Gwynoro Jones (Llafur) 18,719
Huw Thomas (Rhyddfrydwyr) 10,707

Doedd dim modd clywed canlyniadau'r ymgeisydd ola.
Roedd yn amlwg cyn eu cyhoeddi mai fi oedd wedi ennill a
doedd cefnogwyr Plaid Cymru ddim yn hapus o gwbl. Dyma'r
unig sedd i'r Blaid Lafur ailennill yn 1970 a hynny ar noson
pan gollodd y blaid dros 60 o seddi trwy Brydain.

Trodd yr awyrgylch yn eithaf anghysurus os nad cas ar brydiau. Dyma adroddiad y *South Wales Echo* am y noson:

> The hundreds of youngsters who had jammed the square could not believe it. Some of them cried like babies, others shook their fists and jeered the man who had ousted Gwynfor. It had been a feverish election vigil in Carmarthen – perhaps the most tense and highly charged wait polling has produced the length and breadth of the country. Flags and flagons were waved. Fighting broke out in the crowd and fruits started flying. A lot of youngsters were screaming 'if you're not Plaid you must be English'.

Mae hynny'n crynhoi'r awyrgylch yn ddigon teg. Roeddwn i y tu fewn i Neuadd y Dre y rhan fwyaf o'r noson. Daeth yn amlwg bod yr heddlu'n pryderu ynglŷn â fy ngadael i allan o'r adeilad. Mae adroddiad yr *Echo* yn mynd yn ei flaen:

> Just after midnight I got a tip from a policeman that things were likely to boil over when I took cover in an outside broadcast scanner van directly outside the Shire Hall. The scanner van was under pressure and like being under siege. The crowd refused to let Gwynoro Jones be heard as he spoke from the balcony of the 210 year old Shire Hall which houses the assize courts and where some of the most famous murder trials of the last two centuries were heard. But this time it was the crowd outside who were hollering murder.

Efallai bod sôn am lofruddiaeth yn mynd â phethau ychydig yn rhy bell, ond mae'n cyfleu yn amlwg yr ofn a deimlwyd gan nifer y noson honno. Fe'm rhwystrwyd rhag siarad o falconi'r neuadd oherwydd ymddygiad y dorf. Dyna sydd yn arferol i'r ymgeisydd buddugol, wrth gwrs, ond chefais i mo'r cyfle. Doedd dim llawer o wahaniaeth gen i ar y noson, roedd blasu'r fuddugoliaeth yn ddigonol.

Ond daeth yn amser meddwl am adael Neuadd y Dre. Roedd yr heddlu yn ansicr iawn a ddylen i a Laura fynd allan o gwbl. Dywedwyd wrthym nad oedd yn saff i ni fynd trwy'r drysau ffrynt ac na allen nhw warantu ein diogelwch.

Doeddwn i ddim yn disgwyl yr awgrym nesaf, ac fe wnaeth i fi wenu, mae'n rhaid dweud. Awgrymwyd y dylai Laura a fi wisgo iwnifform plismyn er mwyn gallu gadael heb i bobol ein nabod. Gwrthodais yr awgrym hwnnw. Yn y diwedd, fe aed â ni allan ar hyd y coridorau cul tuag at gefn yr adeilad, lle roedd llofruddwyr tebyg i Ronald Harries wedi troedio cynt, a dyna lle roedd un o geir yr heddlu yn aros amdanom i fynd â ni i swyddfa'r Blaid Lafur yn Heol Spilman. Roedd hen ddigon o ddathlu yno! Erbyn 5 o'r gloch y bore, roeddwn i'n barod i fynd adre.

Wrth gyrraedd Foelgastell, a'r wawr ar dorri, gwelais dorf y tu allan i'r Dynevor Arms. Roedd brawd fy nhad-cu wedi prynu dwy gasgen o gwrw ac roedd diodydd am ddim i bawb. Agorodd y Dynevor ar fore Iau y pleidleisio ac aros ar agor yn ddi-dor tan nos Sadwrn!

8

Yr Aelod Seneddol dros Gaerfyrddin

ROEDD Y DYDD Gwener, wrth gwrs, yn ddiwrnod yr ymateb. Y trin a'r trafod yn y papurau, ar y radio a'r teledu. Fy sylw i, wrth gael fy holi ynglŷn â'r fuddugoliaeth oedd hyn, fel y cafodd ei ddyfynnu yn y *Carmarthen Times*:

> This has been a victory for organisation and a readiness to go and meet the people on the doorstep. But of far more importance the people of Carmarthen wanted to show they want to go back into the mainstream of politics. They have grown tired of pessimistic talk.

Ymateb Plaid Cymru yn yr un papur oedd datganiad gan lefarydd ar ei rhan:

> We are very sorry. It is sad that Carmarthen people have taken a step back.

Ochr yn ochr â'r stori newyddion honno, roedd erthygl yn crynhoi'r sefyllfa gan y golygydd, John Hughes. Mae'n dechrau trwy ddweud bod cefnogwyr Plaid Cymru yn disgwyl buddugoliaeth ysgubol ond doedd ei hymgeisydd ddim mor optimistaidd. Mae'n dyfynnu eto yr hyn ddywedodd Gwynfor pan gafodd ei enwebu'n ymgeisydd gan ei blaid, sef y sylw am frwydr galed. Ond mae'n ychwanegu brawddeg nesaf Gwynfor, na chafodd fawr o sylw ar y pryd:

'Let us be under no illusions,' he said in his adoption speech. 'It will be a hard fight.' And he added: 'We have a tremendous amount of leeway to make up.'

Mae'n trafod wedyn beth oedd Gwynfor yn ei olygu trwy ddweud 'leeway to make up'. Gofynna a oedd rhai o aelodau Plaid Cymru yn bryderus mai mwyafrif bychan oedd gan Gwynfor yn 1966. Yn fwy na hynny, oedd yna gonsýrn i'r gefnogaeth iddo leihau ers 1966? Mae'n amlwg mai dyna a ddangoswyd wrth gyhoeddi canlyniad yr etholiad yn '70. Mae'r golygyddol yn canmol Gwynfor am ei waith diflino fel Aelod Seneddol. Ond wedyn yn dweud hyn:

But the trail he was blazing did not contain sufficient fire to please some of his supporters.

Roedd cryn dipyn o ddadansoddi yn y *Western Mail* y dydd Sadwrn ar ôl yr etholiad. Mae un erthygl, a ysgrifennwyd gan y Gohebydd Materion Cymreig, Geraint Talfan Davies, yn cynnig tri phwynt i grynhoi canlyniad Etholiad 1970 yng Nghymru:

- 1970 was the lowest Labour poll in Wales since 1945.
- Despite a swing of 4.5% from Labour to the Tories in Wales, the Conservatives' percentage share of the poll was lower than in any election since 1950.
- Plaid Cymru have overtaken the Liberals in Wales and recorded their highest poll ever, despite losing Mr. Gwynfor Evans's seat at Carmarthen.

Roedd pleidlais pob plaid i lawr, felly, heblaw am un Plaid Cymru. Mae hynny'n rhoi cyd-destun ehangach i golled Gwynfor yng Nghaerfyrddin. Mae'r sefyllfa Gymreig hefyd yn taflu rhywfaint o amheuaeth ar sylwadau Gwynfor wedi iddo golli, pan ddywedodd bod y darlledu etholiadol ar y teledu wedi cael effaith negyddol ar y blaid. Roedd ei ddyfyniad 'the election had been rigged against Plaid Cymru by television and deliberately so' mewn sawl papur newydd ar y penwythnos wedi'r canlyniad. Un arall o sylwadau ysgubol, gwag Gwynfor!

Mewn erthygl arall yn yr un rhifyn o'r *Western Mail* cynigir portread o bedwar Aelod Seneddol newydd yng Nghymru: Michael Roberts, John Stradling Thomas, Wyn Roberts a fi. Diddorol nodi bod profiad gwaith Wyn cyn hynny ym myd teledu, a fy mhrofiad innau ym myd marchnata. Roedd yn arwydd cynnar o'r trywydd yr oedd gwleidyddiaeth i'w ddilyn. Yn y rhan oedd yn sôn amdana i, caf fy nisgrifio fel un 'built like a useful middleweight boxer'! Ac yna mae'r colofnydd yn nodi un rheswm pam roedd ef yn credu i fi ennill:

...hands which had knocked on 7,000 doors during a stamina-sapping, three-clean-shirts-a-day doorstep campaign, which he is convinced is a major factor in his victory.

Dywed bod fy muddugoliaeth yn 'quite an achievement', gan adleisio sylw Trevor Fishlock y byddai curo Gwynfor yn gyfystyr â 'toppling a king'.

Sylw Gwynfor yn yr un erthygl yw:

Plaid Cymru is now well established in the majority of constituencies in Wales as the only challenge to the Labour Party.

Roedd y brwydro rhyngom yn siŵr o fynd yn ei flaen. Cafwyd enghraifft annisgwyl o hyn yn *Y Cymro* rai wythnosau'n ddiweddarach. Cyhoeddwyd pennill yn y papur.

Aeth cawr Llangadog dan y don,
Roedd hyn yn annioddefol;
Pa hawl oedd gan y werin hon
I wrthod dewis dwyfol?

Dyma adlais gref o 'bloody Messiah' yr erthygl yn y *Guardian*. Cyflwynwyd y gwaith yn anhysbys ac o ganlyniad bu dyfalu brwd am rai wythnosau ynglŷn â phwy oedd wedi ei gyfansoddi. Y sôn oedd mai Cledwyn Hughes a Goronwy Roberts oedd yn gyfrifol. Yn y diwedd dywedodd George Thomas mai fe ysgrifennodd y pennill dan yr enw Siôr o Donypandy. Doedd neb yn fodlon credu mai George Thomas wnaeth y fath beth. Heriodd un darllenwr yr awdur honedig trwy gynnig £50 iddo os byddai'n mynd ar un o raglenni radio Cymraeg y BBC. Derbyniodd George yr her a darllenodd y pennill ar yr awyr. Credwyd wedyn mai George oedd yr awdur go iawn o hynny ymlaen. Ond yn y flwyddyn neu ddwy ddiwethaf, daeth y gwirionedd i'r amlwg. Nid George oedd yr awdur o gwbl, a dyw hynny'n fawr ddim syndod. Y ddau y credid iddynt ysgrifennu'r gwaith ar y dechrau oedd y ddau a wnaeth mewn gwirionedd, sef Cledwyn a Goronwy!

Roedd carfan ddigon cref yn credu bod fy llwyddiant i yn annioddefol a bod gwrthod y dewis dwyfol yn fwy annioddefol byth. Felly, roedd fy sylw yn ystod y flwyddyn gyntaf honno fel Aelod Seneddol ar fy nghyfrifoldeb newydd.

Araith gyntaf

Ar ôl penwythnos o ddathlu, lan â fi i Lundain ac i San Steffan. Fy nyletswydd cyntaf yno oedd tyngu'r llw seneddol. Roeddwn innau, Denzil, Caerwyn Roderick a Tom Ellis wedi gofyn am gael gwneud hynny yn y Gymraeg yn 1970. Yr honiad ar y pryd oedd mai Gwynfor oedd y cyntaf i wneud hynny yn y Gymraeg. Ond er chwilio yn fanwl yng nghofnodion y Senedd, dwi ddim wedi gallu dod o hyd i unrhyw gyfeiriad at hynny. A phetai Gwynfor wedi gwneud hynny bedair blynedd ynghynt, byddai'r pedwar ohonom wedi cael caniatâd yn 1970 gan fod cynsail i wneud y fath beth. Chawsom ni ddim yr hawl i dyngu llw yn y Gymraeg yn 1970, sy'n cryfhau'r ddadl na wnaeth Gwynfor hynny yn 1966. Ysgrifennodd Tom Ellis, Aelod Seneddol Wrecsam i'r *Carmarthen Times* ar ddechrau 1974, i ymateb i sylwadau a wnaed gan Gwynfor ynglŷn â thyngu'r llw yn y Gymraeg. Pennawd y llythyr oedd 'Welsh is not Plaid prerogative'. Ar ôl dweud ei fod yn edifar ganddo na fynnodd dyngu'r llw yn y Gymraeg wedi'r etholiad hwnnw, pwysleisiodd

97

nad oedd hynny'n arwydd o ddiffyg bwriad na diffyg gweithredu ar y mater, fel yr oedd Gwynfor wedi honni.

> At the start of this parliament there was all party agreement that we should seek to make the necessary arrangements and a joint deputation met the speaker with this in view.

Cyfeiria wedyn at gyfieithiad o'r llw a gafodd ei ysgrifennu gan Dafydd Elis-Thomas oedd newydd ennill ei sedd ym Meirionnydd. Ond nid oedd am ddefnyddio hwnnw, meddai.

> I had hoped to get a Welsh version prepared by the Clark of the House through official channels rather than use the one prepared... this was not because I doubted (that) version... but because it would have forced Westminster officialdom even further towards recognising my language.

Ffrwyth y gweithgarwch hwnnw a arweiniodd at nifer ohonom yn cymryd y llw yn y Gymraeg yn 1974, a hynny'n cynnwys aelodau o sawl plaid wahanol.

Yr wythnos ganlynol, daeth pedwar llond bws o aelodau a chefnogwyr y Blaid Lafur lan i sesiwn swyddogol yn y Senedd. Roedden nhw'n hwyr yn cyrraedd a finnau ar bigau'r drain i fynd i fewn i'r siambr. Wedi cyrraedd, deallais pam eu bod yn hwyr. Roedd fy nhad wedi mynnu mynd i chwilio am le oedd yn gwerthu sglodion ac wy. Dyn syml iawn ei dast mewn bwyd oedd fy nhad!

Wedi eistedd yn y siambr, roedd meddyliau amrywiol yn troi yn fy mhen wrth i fi edrych o amgylch ar bawb arall o'm cwmpas. 'Dyma lle'r oedd Lloyd George a Nye Bevan.' 'Fi gyda'r ifanca 'ma!' Deallais wedyn mai dim ond Neil Kinnock, Ken Clarke a Jeffrey Archer oedd yn agos at fy oedran i. Ac yna daeth un peth arall i'r amlwg, 'Wel, Gwynfor bach, ti ddim yn chwerthin am fy mhen i mwyach!'

Dydd Mercher 22 Gorffennaf 1970 oedd dyddiad fy araith gyntaf yn y Senedd. Roedd yn rhaid i fi aros yn hwyr iawn yn y dydd i'w thraddodi, tan 4.37 y bore a bod yn fanwl gywir! Y pwnc? Cael gwared ar *brucellosis*, sef yr haint y gallwch ei ddal oddi wrth laeth neu gaws heb ei basteureiddio. Mae'n effeithio ar wartheg a phobol. Dyma ddechrau fy araith:

I was born and bred in Foelgastell in the heart of the constituency, and it is a long time since Carmarthen people sent to this house one who was born amongst them.

Dwi'n mynd 'mlaen wedyn i sôn am rinweddau Sir Gâr yn hanesyddol, ac yn ei nodi fel sir Myrddin, yr Esgob Farrar, Griffith Jones, Pantycelyn, lle bu Dylan Thomas yn byw a lle cafodd merched Beca eu meithrin.

Carmarthen is a constituency which epitomises the life of Wales – strong in its upholding of the culture, tradition and way of life of the Principality. In it one will find people imbued with the radical tradition, warm in its welcome to strangers, but determined to combat injustice and oppression.

Wedyn daeth cynnwys y ddadl yn ymwneud â *brucellosis*, eto yn seiliedig ar y sefyllfa 'nôl yn Sir Gâr, prif sir cynhyrchu llaeth Cymru lle cynhyrchid 62 miliwn o alwyni o laeth oedd yn dod â £8 miliwn i'r sir.

Cafwyd ymateb da i'r araith, yn enwedig gan James Stodart, Ysgrifennydd Seneddol i'r Weinyddiaeth Amaeth.

He has warmed our hearts. He has made a great impact on this house. He has a great deal to contribute.

Y canlyniad uniongyrchol i gynnwys yr araith oedd cyhoeddiad gan y llywodraeth y byddai ardal gorllewin Cymru yn cael ei chynnwys fel un o bump trwy Brydain lle byddai profion i geisio gwaredu *brucellosis* yn cael eu cynnal.

Fe wnes ddefnydd helaeth o areithio yn y Senedd a chyflwyno cwestiynau ysgrifenedig hefyd. Roedd hynny'n elfen ganolog i'm gwaith fel Aelod Seneddol. Rhwng 1970 a 1974, gofynnais tua saith cant o gwestiynau i gyd, gwnes tua deugain o areithiau yn ogystal â chyfraniadau mewn gwahanol bwyllgorau. Yn fy mlwyddyn gyntaf, gofynnais fwy o gwestiynau nag a wnaeth Gwynfor yn ei bedair blynedd cyfan fel Aelod Seneddol. Ac roedd y rhan fwyaf o'r cwestiynau a ofynnwyd ganddo yn rhai ysgrifenedig, gan nad oedd bron byth yn Nhŷ'r Cyffredin. Rhaid dweud, fodd bynnag, i finnau wneud llawer o ddefnydd o gwestiynau ysgrifenedig am i fi weld eu bod yn arf effeithiol yn nhactegau Gwynfor. Ond nid cwestiynau o'r fath oedd fy mhrif arf.

Ym Mis Rhagfyr 1970, ym mhapur y *Western Mail*, ac yng ngholofn y Welsh Political Notebook, roedd Anthony Barber, ei ohebydd yn San Steffan, wedi ysgrifennu erthygl yn crynhoi fy misoedd cyntaf fel Aelod Seneddol. Y pennawd oedd 'Young Mr Jones is soon at his ease'. Wedi dweud mai fi oedd un o'r Aelodau Seneddol mwyaf gweithgar a bod hynny'n syndod o ystyried fy mod dal yn fy ugeiniau, mae'n nodi un agwedd ddigon annisgwyl am fy nyddiau cyntaf yn y Senedd. Mae'n amlwg i fi, mewn un cyfweliad, nodi'r adnoddau oedd yno ar ein cyfer ac i fi ymhelaethu:

> For instance, we new MPs have to ballot for a desk. Personally, I didn't try since some of the members' rooms are so far from the House that there is great inconvenience in being in one of them. At the moment I do my work in the library or in the Welsh room and I suppose that this is because it is only four years ago that I left university.

Datganoli Llafur

Roeddwn i wedi bod yn ymwneud â Phwyllgor Crowther ar Ddatganoli, fel dwi wedi ei nodi eisoes. Erbyn hynny, roeddwn yn Aelod Seneddol. Felly roedd fy ymwneud â'r pwyllgor ar lefel wahanol.

Roedd pob cyfarfod pan fydden ni'n adrodd 'nôl i'r Pwyllgor Gwaith Cymreig ac i Grŵp yr Aelodau Seneddol Cymreig, ac yn cyflwyno ein hawgrymiadau, yn rhai digon tanllyd. Dyma pryd wnes i ddechrau anghytuno'n chwyrn gyda George Thomas ar rai agweddau o ddatganoli, er enghraifft. Roedd gwrthwynebiad nifer o Aelodau Seneddol eraill Llafur o'r Cymoedd yn ddigon chwerw hefyd.

Ar sawl achlysur, mewn cyfarfodydd cyhoeddus, dywedodd Gwynfor mai'r unig reswm i'r Comisiwn Cyfansoddiadol gael ei sefydlu oedd am iddo yntau ennill Caerfyrddin yn 1966. Mae hynny, yn syml, yn ffeithiol gwbl anghywir ac yn ffantasi. Mae hefyd yn anwybyddu effaith cynnydd Plaid Cymru yng Nghaerffili a Gorllewin y Rhondda, seddau oedd yn llawer mwy agos at galon y Blaid Lafur na Chaerfyrddin a dau ganlyniad a shiglodd y Blaid Lafur yn fwy na chanlyniad Caerfyrddin. A barnu yn ôl sylwadau cyhoeddus Gwynfor, dim ond ei gyfraniad e oedd yn bwysig. Roedd hefyd yn anwybyddu un ffactor cryf a dylanwadol arall – yr Alban! Roedd nifer o arweinyddion blaenllaw yr Alban yn gefnogol iawn i ddatganoli, yn gwbl groes i aelodau Llafur ardaloedd diwydiannol Cymru. Heb os, daeth pwysau sylweddol i sefydlu comisiwn o du'r Alban.

Oddi fewn i'r Blaid Lafur yn San Steffan, roedd aelodau blaenllaw o lywodraeth Harold Wilson yn weinidogion oedd o blaid datganoli: Cledwyn Hughes, Goronwy Roberts, John Morris ac, o bosib yn arwyddocaol iawn, Elystan Morgan, oedd yn ddirprwy i Jim Callaghan yn y Swyddfa Gartre. Nhw oedd yn gyfrifol am faterion cyfansoddiadol. Dwi'n gwybod fel mater o ffaith i Callaghan ofyn i Elystan beth oedd y ffordd orau ymlaen ar ddatganoli. Roedd John Morris ac yntau wedi bod yn trafod sefydlu Comisiwn Cyfansoddiadol a dyna'r ateb a gynigiodd i Callaghan.

Cymerodd bedair blynedd i'r comisiwn gyhoeddi ei adroddiad a gwnaed hynny yn y diwedd ar 31 Hydref 1973. Cynigiodd y tri comisiynydd ar ddeg o leiaf bedwar posibilrwydd ar gyfer Cymru: cynulliad deddfwriaethol – a gefnogwyd gan chwech o'r tri comisiynydd ar ddeg, cynulliad gweithredol, cynulliad ymgynghorol a chorff enwebedig, ac fe gyhoeddodd dau ohonyn nhw eu hadroddiad eu hunain. Heb os, dyma oedd yr ymchwiliad mwyaf manwl a thrylwyr ar fater llywodraethu Prydain a gynhaliwyd erioed. Mae'n ddigon posib bod hyn yn dal i fod yn wir.

Pan gyhoeddodd Harold Wilson yn Ebrill 1969 ei fod am greu'r fath adroddiad, ymateb Plaid Cymru oedd ei alw'n *charade* ac yn 'denial of the natural aspirations of the people of Wales'. Wedi cyhoeddi'r adroddiad, fe'i galwyd ganddi yn 'gam pwysig ymlaen' a dywedwyd mai'r misoedd cyntaf wedi'r cyhoeddi fyddai 'y rhai mwyaf tyngedfennol mewn dwy fil o flynyddoedd yn hanes Cymru'. Doedd hynny ddim yn fy synnu o gwbl. Roeddwn yn hen gyfarwydd â Gwynfor yn siarad gyntaf a meddwl wedyn, yn proffwydo dyddiau tywyll ac yna'n cymryd y clod am unrhyw newyddion da. Nonsens llwyr.

Ro'n i ynghanol gweithgareddau'r Blaid Lafur yn ganolog ar y pryd ac yn ymwybodol bod Jim Griffiths, er enghraifft, wedi galw am Gynulliad i Gymru ymhell cyn iddo ddod yn Ysgrifennydd Gwladol. Roedd hynny'n bolisi swyddogol gan y Blaid Lafur ers 1966 wedyn. Chwaraewyd rhan flaenllaw iawn i sefydlu'r comisiwn yn y lle cyntaf gan John Morris, Cledwyn Hughes ac Elystan Morgan, y tri yn weinidogion yn y llywodraeth ar y pryd.

The Prime Minister must publish a Green Paper immediately and this must contain a commitment to establish a Welsh Government with legislative powers before the end of the present Parliament.

Oddi fewn i'r Blaid Lafur, ynghanol y 60au, y daeth y fath alwad.

Ond rhaid derbyn, wrth gwrs, nad oedd barn unfrydol ar hyn oddi fewn i'r Blaid Lafur. Mae'r cofnodion yn dangos yn glir bod argymhelliad y grŵp yr oeddwn i'n gadeirydd arno i sefydlu corff llywodraethol annibynnol Cymreig dipyn cryfach yn wreiddiol na'r dystiolaeth a gyflwynwyd ger bron Comisiwn Kilbrandon yn y pen draw. Roedd y grŵp yn dymuno cael cynulliad deddfwriaethol go iawn. Ond yr hyn a gytunwyd y tu fewn i'r Blaid Lafur yng Nghymru, wedi darllen ein hargymhellion ni, oedd cyngor etholedig gyda phwerau gweinyddol yn unig. Yn yr hen draddodiad Cymreig, rhoddwyd lot o ddŵr gyda'r llaeth a gynigiwyd iddyn nhw.

Mewn araith ac erthygl ym mis Tachwedd y flwyddyn honno, a Kilbrandon yn cael cryn dipyn o sylw ynddi, fe wnes i drafod un pwynt penodol yn yr adroddiad, sef yr un yn ymwneud ag agwedd pobol tuag at gynyddu cyfrifoldebau rhanbarthol trwy Brydain. Roedd y ffigyrau'n dangos bod mwy o alw am annibyniaeth ranbarthol mewn naw ardal yn Lloegr nag oedd yng Nghymru. Er enghraifft, roedd 60% am ddatganoli yn Swydd Efrog a 57% yng Nghymru. Ym mis Rhagfyr, ysgrifennais erthygl yn dweud, unwaith y byddai dadl hirwyntog yn dechrau ynglŷn â'r gwahaniaethau rhwng rôl ddeddfwriaethol neu weithredol Cynulliad yng Nghymru, yna byddai'r rhai oedd yn erbyn datganoli yn defnyddio'r gwahaniaethau hynny fel esgus i wneud dim byd. Go brin fy mod yn ystyried beth fyddai goblygiadau'r fath sylw, sef *débâcle* Refferendwm 1979.

Yn y cyd-destun hwn, roedd yn anodd iawn derbyn cyhuddiadau Gwynfor a'i debyg ynglŷn â diffyg unrhyw gyfraniad gan y Blaid Lafur i fywyd Cymru ar ba bynnag lefel. Roedd hyn wedi bod yn wir cyn i fi gyrraedd y Senedd ac roedd yn parhau i fod yn wir. Yn 1973, er enghraifft, fe wnes sylwadau penodol ar economi Cymru. Yn nhair blynedd cyntaf fy nghyfnod fel Aelod Seneddol, roedd 38,000 wedi colli swyddi yng Nghymru a bu gostyngiad sylweddol yn nifer y swyddi newydd a grëwyd yma. Dyma'r sefyllfa dan lywodraeth Geidwadol Ted Heath. Ond trwy hyn oll, mynnodd Gwynfor barhau i ymosod ar y Blaid Lafur, fel petai'r ffigyrau hyn ddim yn bwysig.

Ar lefel fwy personol, roedd yn anodd iawn derbyn cyhuddiadau'n cyfeirio at fy niffyg ymroddiad tuag at Gymru a'r Gymraeg. Roeddwn i mewn sefyllfa go iawn, weithredol, i ddadlau achos datganoli i Gymru oddi fewn i system a allai wneud rhywbeth yn ei gylch. Ac ro'n i'n gwneud hynny gydag arddeliad ac argyhoeddiad. Doedd Gwynfor ddim yn gallu gwneud yr un cyfraniad. Os felly, pam lladd ar rywun oedd yn dadlau ac yn gweithio dros yr un fath o beth ag yr oedd yntau am ei weld yn digwydd? Roeddwn yn cael cyhuddiadau o fod yn genedlaetholwr oddi fewn i fy mhlaid fy hun ac yn cael fy nghyhuddo o fod yn wrth-Gymreig gan Blaid Cymru. Roedd rhywbeth go chwith rywle. Roedd yna rai oddi fewn i'r Blaid Lafur yn unllygeidiog a rhai oddi fewn i Blaid Cymru yn ddall. Roeddwn i'n genedlaetholwr, ond oddi fewn i'r Blaid Lafur.

Mae hyn yn codi pwynt arall. Doedd Gwynfor byth yn ymosod ar y Blaid Geidwadol, nac yn eu beirniadu nhw. Y Blaid Lafur oedd ei unig darged. Daeth hynny'n ddigon amlwg pan oeddwn i'n ymgeisydd ac yn Aelod Seneddol. Os oedd wedi datgan nad oedd y Blaid Lafur wedi gwneud unrhyw beth dros Gymru, ni wnaeth ddatganiad o'r fath ynglŷn â'r Blaid Geidwadol. Ar un achlysur, penderfynais wneud ymchwil i record y Torïaid yng Nghymru er mwyn gweld yn union beth nad oedd Gwynfor wedi ei gondemnio. Dyma'r hyn wnes i ei ddarganfod ar y pryd:

> During the 13 years of Tory rule, 1951 to 1964, seventy per cent of railway stations and halts in Wales were closed, a total of 800 miles of rail line. In 1951 there were 730 stations and halts in Wales. In 1964 only 215 remained open.

Fe wnes i gymharu hynny wedyn â dim ond pum milltir o draciau rheilffyrdd yn cael eu cau gan y Blaid Lafur rhwng 1964 ac 1970. Ond eto i gyd roedd arweinydd Plaid Cymru yn cyhuddo Llafur o ddifetha gwasanaeth rheilffyrdd Cymru. Roedd yr un yn wir am wariant ar rwydwaith ffyrdd Cymru. Pan ddaeth Llafur i rym roedd cynlluniau i wella ffyrdd Cymru ar waith yn seiliedig ar wariant o £17 miliwn. Erbyn i fi ddod yn Aelod Seneddol yn 1970, roedd y gwariant ar ffyrdd Cymru lan i £50 miliwn. Ond Gwynfor oedd *Mr Dual Carriageway* wrth gwrs!

Roedd agwedd ddilornus Gwynfor tuag at y Blaid Lafur yn amlwg mewn sgwrs a gafodd gydag Elystan Morgan yn y cyfnod pan oedd Elystan yn ystyried gadael Plaid Cymru er mwyn ymuno â'r Blaid Lafur. Wrth drafod y peth ag Elystan, ymateb Gwynfor oedd:

'Chi'n gwybod beth rydych chi'n ei wneud, on'd ydych? 'Chi'n ymuno â phlaid Bessie Braddock!

Roedd Bessie Braddock yn Aelod Seneddol Llafur o Lerpwl, yn gymeriad dosbarth gweithiol cwbl nodweddiadol o'r ddinas honno. Fe'i galwyd yn Battling Bessie oherwydd ei hymroddiad diflino, ond chafodd hi erioed gyfrifoldeb gweinidogaethol yn yr holl amser y buodd hi'n Aelod Seneddol. Un o'r werin go iawn oedd hi. Mewn pôl piniwn, cafodd ei dewis fel yr ail fenyw fwyaf poblogaidd ym Mhrydain, y tu ôl i'r Frenhines.

Roedd Elystan yn gwybod yn iawn pwy oedd Bessie Braddock, ac nid dim ond oherwydd ei phoblogrwydd cyhoeddus. Roedd Bessie a'i gŵr yn aelodau gweithgar o Gyngor Bwrdeistref Lerpwl yn y cyfnod pan fu trafod ar foddi Cwm Celyn a daniodd brotestio Tryweryn. Bu Gwynfor yn un o gyfarfodydd y cyngor yn y cyfnod hwnnw, ac roedd Bessie a'i gŵr yno hefyd. Roedd yn gyfarfod tanllyd a'r sôn yw i Gwynfor orfod gadael.

Mae'n ddigon naturiol bod y cysylltiad hwn ym meddwl Gwynfor wrth wneud ei sylw. Ond nid yw hynny'n newid y ffaith iddo ei dewis hi fel enghraifft i'w nodi wrth siarad ag Elystan, nac yn lleihau unrhyw ergyd oedd yn yr ysbryd y dywedwyd y geiriau. Roedd am ddilorni Elystan am ymuno â phlaid 'rhywun fel Bessie'. Roedd ei sylw yn dangos diffyg gallu i uniaethu â Bessie a'r gwerthoedd yr oedd yn eu cynrychioli. Roedd mewn byd arall iddi.

Roedd yn dacteg amlwg fwriadol gan Blaid Cymru i dargedu ardaloedd lle roedd Aelodau Seneddol o'r Blaid Lafur mewn grym. Roedd Plaid Cymru yn erbyn Llafur drwy gydol y chwedegau. Ar lefel wleidyddol gallaf ddeall hynny yn iawn i raddau. Roedd rheilffyrdd a glofeydd yn cau, roedd diwethdra ar gynnydd, roedd Cymru yn cael ei hanwybyddu gan Lundain. O ganlyniad, roedd yn naturiol eu bod am dargedu etholaethau

Caerfyrddin, Meirionnydd a Chaernarfon a denu pleidleisiau'r Torïaid a'r Rhyddfrydwyr er mwyn trechu Llafur. Tacteg wleidyddol ddigon teg oedd targedu plaid yn y ffordd hon ac am y rhesymau hyn. Ond nid dyna'r darlun i gyd. Er derbyn y pwyntiau blaenorol, mae'n dal yn rhyfedd na chondemniodd Gwynfor y Blaid Geidwadol yn yr un ffordd. Roedd yn arbennig o dawel yng nghyfnod Llywodraeth Geidwadol Ted Heath, fel yr oedd ar record y Torïaid yn 1951–1964. Ie, dyma gyfnod y streiciau cynyddol, wythnos waith tri diwrnod, sbwriel heb ei gasglu, a'r cyfan yn ganlyniad i anfodlonrwydd diwydiannol dybryd. Ond er y fath gyfnod, ni ddywedodd Gwynfor 'Wales is in a state of ruin' fel y gwnaeth pan oedd Llafur mewn grym cyn Heath. Doedd dim cwynion bod dau o weinidogion y Swyddfa Gymreig â'u hetholaethau yn Lloegr. Does dim dwywaith y byddai cryn dipyn o brotestio petai'r Blaid Lafur wedi gwneud hynny.

Fe ddes i at un canlyniad wrth weld yr agwedd hon o wleidydda Gwynfor: does fawr ddim amheuaeth mai Rhyddfrydwr asgell dde hen ffasiwn Fictorianaidd oedd ef ar y gorau. Ar ei waethaf, roedd yn geidwadwr cudd. Daeth y fath sylw yn gyhuddiad amlwg o safiad Gwynfor ymhell cyn iddo fod yn Aelod Seneddol ac ymhell cyn i fi ddod i'r afael ag e. Ceir enghraifft o hyn yng nghyfrol D Ben Rees, *Cofiant Jim Griffiths yr Aelod Seneddol: Arwr Glew y Werin*:

> Roedd hi'n rhyfel cartref enbydus yn y Cyngor wedi i Gwynfor Evans benderfynu ymuno â grŵp Annibynnol y Cyngor. Clymblaid o Ryddfrydwyr a Cheidwadwyr oedd y grŵp Annibynnol ac ambell un na wyddai pa ideoleg i'w chefnogi. I Gynghorwyr Llafur etholaeth Llanelli roedd ymddygiad Gwynfor yn sawru o Dorïaeth ar ei waethaf. Roedd agendor enfawr rhwng meddylfryd, agwedd, cefndir a phrofiad y Cynghorydd o Langadog a Chynghorwyr Llafur y maes glo.

Gwnaeth yr Arglwydd Elystan Morgan sylwadau ar yr un pwynt. Dyma dri dyfyniad o'i hunangofiant yntau:

Doedd agwedd Gwynfor ddim yn annhebyg i Saunders Lewis yng nghyswllt ei elyniaeth tuag at y Blaid Lafur... Yn fy marn i, mae'n wirionedd bod Gwynfor yn dirmygu'r Blaid Lafur, a dyna un o'i wendidau cynhenid... Rhyddfrydwr asgell dde ydoedd, a chryn dipyn o barch ac edmygedd tuag at y Blaid Geidwadol.

Mynegiant pellach o'r fath duedd a welwyd pan oedd yn Aelod Seneddol. Doedd dim wedi newid. Ym mlwyddyn ola Gwynfor fel AS, roedd 106 o bleidleisiau yn y Senedd. Dim ond mewn ugain o'r rheiny y gwnaeth Gwynfor weithredu ei hawl i bleidleisio, ac ar un achlysur ar bymtheg, pleidleisiodd gyda'r Ceidwadwyr. Dywed hyn cryn dipyn am record a chyfeiriad ei bleidleisio seneddol.

Taliesin a Llangyndeyrn

Materion lleol iawn oedd fy mhrif gonsýrn fel Aelod Seneddol: ffyrdd, rheilffyrdd, amaeth, hedfan isel ac ati. Roeddwn yn awyddus iawn i danlinellu'r pwynt bod Gwynfor a fi *poles apart* fel dywedodd yr erthygl bapur newydd. Doedd dim arlliw o ystyried fy hun yn *Member for Wales* yn perthyn i fi.

Daeth un o'r pynciau lleol cyntaf i fi ymrafael â nhw o fôn fy ngwreiddiau yng Nghwm Gwendraeth. Fe ddes i ganol brwydr oedd wedi para ers rhyw saith mlynedd pan ddes i i'w chanol. Roedd yn frwydr ynglŷn â llyfr cofnodion yr ymgyrch yn erbyn boddi pentre Llangyndeyrn. Un o arweinwyr amlyca'r frwydr lwyddiannus honno oedd y Parchedig W M Rees. Pan symudodd o'r pentre i Aberdâr, rhoddodd ei lyfr cofnodion i Lyfrgell Genedlaethol Cymru. Ond roedd Cyngor Dosbarth Caerfyrddin am gael y llyfr yn ôl ar gyfer Archifdy'r Sir. Gofynnwyd i fi ymyrryd ac fe drefnais gyfarfod gyda Llyfrgellydd y Llyfrgell Genedlaethol. Doedd dim un ffordd yn y byd yr oedden nhw am roi'r llyfr i unrhyw un. Ar ben hynny, doedden nhw ddim yn gallu ei roi i unrhyw un heb ganiatâd W M Rees oedd wedi ei roi iddyn nhw yn y lle cyntaf. Cynigiwyd cyfaddawd. Roedd y Llyfrgell yn fodlon llungopïo'r llyfr cofnodion yn ofalus, a'i rwymo'n broffesiynol hefyd. Trosglwyddais y neges i'r Cyngor Dosbarth. Chlywais yr un gair wedi hynny, felly dwi'n cymryd eu bod yn ddigon bodlon!

Yn nhymor yr hydref wedi'r etholiad, cyhoeddwyd erthygl arbennig o chwerw yng nghylchgrawn *Taliesin*. Roedd ynddi rywfaint o feirniadu arna i, ond roedd y brif ergyd yn erbyn pobol Sir Gâr am fy newis i a gwrthod Gwynfor.

It makes us thankful that DJ, JE, JR, T. I. Ellis and Trefor Morgan to name only five, did not live to see the name of this constituency degraded not merely to dust but to depths of a wasteland... We now know the real quality and value of the constituency which we were foolish enough to believe had awakened.

A renowned village like Llanddowror; it is completely dead culturally; St Clears – which pretends to be a village in Hampshire; Carmarthen itself – a town which hates to hear a word of Welsh except on market day, and a place – like every old garrison town – which dotes on all sorts of bumph and royal ballyhoo. Llandeilo is exactly the same.

Bron y gallech chi glywed llais Caradog Evans yn y fath ddisgrifiadau. Yn naturiol ddigon, fe wnes ddefnydd helaeth o'r wasg leol i ateb y fath erthygl. Roedd Sir Gâr, meddwn, yn un o'r siroedd mwyaf Cymraeg yng Nghymru. Ychwanegais, pan o'n i'n canfasio, siaradwn Gymraeg rhyw saith deg y cant o'r amser ar y strydoedd ac mewn cyfarfodydd. Mewn erthygl yn y *Carmarthen Times*, 9 Hydref 1970, cefais fy nyfynnu:

I am astounded at the attitude shown. The bitterness expressed because the Nationalist candidate lost the election stems from the belief such people hold of their own importance. They think that they alone are mindful of the problems of Wales. It is indeed time that they were told that there is no monopoly of working for Wales.

Mae'r dyfyniad wedyn yn troi i lythrennau bras, fel petawn wedi codi fy llais wrth ddweud y geiriau:

THERE ARE THOUSANDS OF PEOPLE WHO VOTE FOR THE
LABOUR, LIBERAL AND CONSERVATIVE PARTIES WHO ALSO
LOVE WALES, ITS CULTURE AND TRADITIONS.

Unwaith eto, roedd yn gyfle i fi ymosod ar ddiffyg ffeithiau y
sylwadau a wnaed yn enw'r cenedlaetholwyr. Wrth ysgrifennu
sylwadau o'r fath, mynegwyd y berthynas lac iawn rhwng yr
awdur a ffeithiau go iawn. Rhethreg wag oedd y fath ffwlbri,
ar lefel sylwadau ysgubol Gwynfor.

Fe es ymlaen ymhellach gyda fy ymateb:

Our people might not read the propaganda the Nationalists desire
them to read, nor perhaps idolise the people they do. But that is
not to say that the people of our constituency are not lovers of
Wales and the language.

Gwnaed un sylw digon personol ynglŷn â fi yn *Taliesin*
hefyd. Wrth barhau i sôn am bobol Sir Gâr, dywedir:

...they wanted no Welshman, but one who was as materialistic, as
rootless and as mistaken as they themselves.

Mae'n amlwg i bwy bynnag ysgrifennodd hwn, a'i debyg,
mai dim ond un math o Gymro oedd yn bodoli a doeddwn
i ddim yn un ohonyn nhw. Roedd yn rhaid ymateb i hynny
hefyd:

Suffice to say that I need no lecture from anyone on how to be a
Welshman. And certainly not on how to work for the constituency
of my birth.

Mewn papur arall nodwyd ambell bwynt gwahanol:

As a Member of Parliament for this constituency, and one born
and bred there, I feel it is my duty to tell these people not to be
so arrogant in their assertions. The quality of the people in our
constituency has not deteriorated just because the Nationalists
have lost the election. Our constituency has a fine history, and it

epitomises the culture, tradition and history of our nation. The bitterness of the article turns sour when it questions the Welshness of the constituency.

Fedra'i yn fy myw â deall agwedd drahaus, ymhongar y cenedlaetholwyr hyn oedd yn rhoi'r argraff gref mai nhw oedd y Cymry go iawn ac, os nad oeddech chi gyda nhw, roeddech chi'n wrth-Gymreig. Anhygoel. Heb os, roedd hwn yn faen tramgwydd real iawn i Blaid Cymru yn y cyfnod ac roedd Gwynfor yn ymgnawdoliad ohono.

9

Arwyddion a gweinidogion

ROEDD BLYNYDDOEDD CYNTAF y saithdegau yn rhai digon ymfflamychol o safbwynt protestiadau ac ymgyrchoedd yn ymwneud â'r iaith. Roedd 'Croeso Chwe-deg Nain' wedi troi yn 'I'r Gad'! Ond roedd fy nghyfraniad cyntaf i'r ddadl ieithyddol, yn 1971, yn un y tu allan i faes y gad uniongyrchol yng Nghymru. Dadleuais y dylai Cytundeb Rhufain, oedd yn sail i'r Farchnad Gyffredin Ewropeaidd, gael ei gyfieithu i'r Gymraeg. Fy mhwynt oedd y byddai'r Farchnad Gyffredin yn cael effaith sylweddol ar Gymru ac ar ei ffermwyr yn benodol. Pwysig, felly, oedd sicrhau bod y bobol yn deall beth oedd yn digwydd a sut roedd y Farchnad Gyffredin yn gweithio. Gan fod nifer sylweddol o boblogaeth Cymru yn siarad Cymraeg, roeddwn i'n credu ei bod yn bwysig iddyn nhw allu darllen y Cytundeb yn Gymraeg.

Fe fu yna lythyru ynglŷn â hyn yn y papurau, ond er syndod, roedd nifer yn fy nghefnogi. Ond roedd un thema amlwg i'r llythyron cefnogol hyn. Roedd eu hawduron yn gryf yn erbyn protestiadau'r cyfnod yn enw Cymdeithas yr Iaith ac ati, ond yn fodlon derbyn cais fel fy un i am ddogfennau a deddfwriaeth yn y Gymraeg. Dyma un llythyr o'r *Evening Post* sy'n dangos hynny:

The tragedy these days is that any reference to parity of language is unfairly tainted with a degree of suspicion and disrepute. This is because sign daubing and the almost ritualistic burning this week

of English only licenses, takes away much of the credibility from
those who possess an honourable cause.

A hwn gan berson oedd yn croesawu gweld Cytundeb
Rhufain yn y Gymraeg. Ond roedd y dadlau ffyrnica, wrth
gwrs, rhyngdda i a chefnogwyr Cymdeithas yr Iaith, a Gwynfor
yn eu plith.

Ym mis Mawrth 1971 fe siaradais mewn dau gyfarfod
yn benodol i alw ar Ysgrifennydd Gwladol Cymru i sefydlu
comisiwn parhaol i'r iaith Gymraeg. Gwnes hyn mewn
cyfarfodydd yn Llangadog a Brynaman. Fy nadl oedd y byddai
creu'r fath gorff yn rhoi cyfle i weithredu'n ymarferol yr
egwyddor o gydraddoldeb i'r iaith Gymraeg a sicrhawyd gan
y Ddeddf Iaith yn 1967. Galwais ar Gymry o bob plaid i leddfu
rhywfaint ar yr angerdd oedd yn gorlifo'n rhy aml ac i roi'r
gorau i chwarae gwleidyddiaeth gyda'r iaith. Cefais fy nyfynnu
yn y papurau:

> I am becoming increasingly convinced that one essential need
> is for the issue to be brought from the realms of party politics.
> The language, its survival and encouragement is greater than any
> political gain for any person or party. Everyone should now work
> for the loosening of the tension that surrounds the concern over
> the future of our national language, and when I say this, it means
> that those who want to progress at a quicker rate than hitherto
> must display a degree of patience and understanding, whilst those
> in authority, be they in local or central government, must aquire a
> greater sense of understanding and urgency than hitherto.

Fy awgrym oedd y dylai'r comisiwn arfaethedig gynghori
pob lefel o lywodraeth ar sut roedd sicrhau cydraddoldeb
ymarferol i'r Gymraeg.

Cefais gyfle penodol i geisio dadlau'r fath achos yn sgil rhai
o'r achosion llys yn erbyn aelodau o Gymdeithas yr Iaith. Wedi
i nifer o aelodau'r Gymdeithas, gan gynnwys pobol fel Meinir,
merch Gwynfor, a Dafydd Iwan, gael eu carcharu yn enw eu
gweithredoedd torcyfraith, tynnwyd fy sylw at un agwedd

ganolog o'u bywyd yn y carchar. Doedden nhw ddim yn cael siarad Cymraeg gyda'r rhai oedd yn dod i ymweld â nhw. Y ddadl oedd nad oedd swyddogion y carchar yn gallu deall beth oedd yn cael ei ddweud ac y gallai hynny fod yn fygythiad i ddiogelwch. Daeth hyn i'r amlwg yn achos pedair menyw oedd yng ngharchar Pucklechurch ac un myfyriwr diwinyddol o Fangor oedd yng ngharchar Caerdydd. Gwnes gais i siarad â Llywodraethwr Carchar Caerdydd, gan i fi ddeall bod Cymro Cymraeg yn un o'r swyddogion yno. Gwrthodwyd fy nghais. Ond roeddwn yn anghytuno'n chwyrn gyda safiad oedd yn rhwystro rhywrai rhag siarad eu mamiaith.

Ar nifer fawr o achlysuron, nodais fy nghefnogaeth i arwyddion ffyrdd dwyieithog. Galwais ar y pwyllgor a sefydlwyd gan y Swyddfa Gymreig i ymchwilio i fater arwyddion dwyieithog i beidio â chymryd yn rhy hir i gyhoeddi ei ganlyniadau. Roeddwn yn pryderu am gost cyflwyno arwyddion dwyieithog, oeddwn, ac awgrymais y dylid cyflwyno'r fath drefn yn raddol dros gyfnod o amser i leddfu'r baich ariannol. Diwedd un erthygl bapur newydd a gariodd y stori oedd hyn:

> But above all there is need to stop this talk of 'them' and 'us' in relation to the language.

Ond, wrth gwrs, amhosib osgoi'r 'them' and 'us' yng Nghymru ac fe ddaeth enghraifft arall ohono i'r amlwg mewn achos digon ffyrnig ar ddechrau'r saithdegau. Yn wir, fe ddaeth yn ffrae rhwng nifer o weinidogion Cymru a fi. Felly 'them' and 'me' oedd hi mewn gwirionedd. Penderfynodd llawer o weinidogion, o Undeb yr Annibynwyr, wneud safiad cyhoeddus dros rai o'r dulliau torcyfaith a ddefnyddid yn enw hybu'r iaith, yn benodol ar faterion arwyddion ffyrdd dwyieithog a'r galw am sianel deledu Gymraeg. Roedd y gweinidogion, er enghraifft, yn annog eu cynulleidfaoedd i beidio â thalu eu trwyddedau teledu er mwyn pwyso ar y llywodraeth i sefydlu Sianel Gymraeg.

Ysgrifennwyd llythyr at y wasg, wedi ei arwyddo gan ddeugain o weinidogion, yn datgan bod angen herio'r gyfraith yn enw sicrhau gwell statws i'r iaith Gymraeg. Parhaodd y ddadl am sawl blwyddyn. Diddorol gweld un llythyr yn fy nghasgliad toriadau papur newydd o Fehefin 1974, rhyw dair blynedd go dda ar ôl i'r ddadl godi ei phen yn y lle cyntaf. Mae pennawd y llythyr yn dangos yn glir beth yw barn yr awdur, ac mae'n ddigon pryfoclyd: 'Next claim will be that Jesus Christ died for Plaid Cymru'! Os dweud hi!

Roeddwn yn gryf yn erbyn safiad y gweinidogion. Roeddwn i'n credu eu bod yn mynd yn gwbl groes i ddysgeidiaeth y Beibl ar y berthynas rhwng ffydd a gwleidyddiaeth, yn ogystal â beth oedd rôl gweinidog. Os oedd dadleuon y gweinidogion yn cael eu gwyntyllu o'r pulpud, yna roedden nhw hefyd yn mynd yn gwbl groes-graen i'r traddodiad anghydffurfiol oedd wedi ei wreiddio yn y gred na ddylid defnyddio'r pulpud ar gyfer gwleidydda. Roeddwn yn blaen iawn yn fy ngwrthwynebiad i'r gweinidogion hyn:

> Indeed, one is tempted to say that the sooner some of them leave our chapels the healthier the situation will be. It is high time they realised that there are people of all political persuasions inside their chapels and their calling should transcend all party political talk. They have done far more harm to the religious cause this week than anything else for many a year.
>
> Equally disturbing is the call of these ministers to break the law on television licences and yet how many of them are quite prepared to take fat cheques for appearing on television themselves.

Roedd y gweinidogion yn gandryll! Rhyddhawyd datganiad i'r wasg ganddyn nhw, yn galw ar Harold Wilson i geryddu un o'i Aelodau Seneddol am fygwth a cheisio rhannu arweinwyr ac aelodau'r Eglwys Gristnogol. Arwyddwyd y datganiad gan bedwar ar hugain o weinidogion.

Mewn erthygl yn y *Carmarthen Times*, ar 13 Hydref 1972, sy'n cynnwys sylwadau'r gweinidogion a rhestr o'u henwau, mae dyfyniadau pellach o'm hymateb i hefyd:

...there are names connected with the statement who are active supporters of, and others active workers for, Plaid Cymru. Indeed, I have seen some of them campaigning in elections held in Wales during the last few years. So I am far from impressed by their assured impartiality.

Yn dynn ar sodlau'r gweinidogion daeth ymateb Plaid Cymru. Yn ôl trefnydd y Blaid yn Nyfed, Peter Hughes Griffiths, doeddwn i ddim wedi ymddwyn gyda'r urddas nac wedi dangos yr agwedd gyfrifol a ddisgwylid gan Aelod Seneddol. Yn ôl Gwynfor, wrth ateb fy sylwadau, roedd Cristnogaeth yn cwmpasu pob agwedd o fywyd, ac yn hynny o beth, roedd hawl gan weinidog fentro i fyd gwleidyddiaeth. Mae'n gorffen ei sylwadau trwy gyfeirio ata i:

...the sooner one capable of such affrontery leaves politics the healthier the situation will be.

Cydiodd y ddadl yn nychymyg y wasg, yn naturiol, a bu llythyru brwd ar y mater. Cyfrannodd Gwynfor i'r dadlau hynny mewn llythyr at y *Carmarthen Times* yn 1973:

The Welsh language is the vehicle of the great Welsh Christian tradition. To uphold this Christian tradition is the duty of all Christians in Wales, to ensure that the values embodied in it are transmitted to future generations is an especial responsibility of the Church.

The symbolic action of the ministers was a courageous act of leadership in this at a time of acute crisis in Wales. The relevance of the language to Welsh Christianity is illuminated by the fact that 75% of Welsh-speaking people are members of a Christian Church; of monoglot English speaking persons, the proportion is about 15%.

Does dim sôn am ffynhonnell ei ystadegau wrth gwrs. Ac mae 15% yn swnio'n isel iawn i fi o gofio faint o gapeli ac eglwysi oedd yn agored yn y dyddiau hynny.

Mae un llythyr yn nhymor yr hydref 1972 gan rywun

o Lambed yn crynhoi'r rhai oedd yn gwrthwynebu safiad Gwynfor a'r gweinidogion.

> If ministers of religion want to preach politics let them share platforms with political speakers of any party, not attempt to use the cloth or a place of worship as a means of undue persuasion. If they consider it their duty and right to do so then chapel members have an equal right and duty to express resentment. True Christianity has no barriers, least of all language and the sooner some of these ministers realise it the better for all concerned. Mr Gwynoro Jones is right. We can not praise the Lord and attack the television service in the same breath and with the same conviction.

Roedd y *South Wales Guardian* yng nghanol y ddadl hefyd. Ym mis Hydref 1972 gwelwyd y pennawd 'The Union of Welsh "Inconsistents"' a sôn am yr ymgyrch i beidio â thalu trwydded deledu oedd y llythyr hwn yn benodol, wedi ei ysgrifennu gan 'Cymro' o'r Garnant. Mae'n cwestiynu'r ymgyrch i wrthod talu trwydded teledu nes bod Awdurdod Darlledu Annibynnol yn cael ei sefydlu yng Nghymru.

> This suggests that such Christians would view the Welsh programmes transmitted at present without paying. Is this the Christianity that the ministers referred to preach every Sunday?
> I suggest that the Christian way to protest is for all who feel the need for the Authority referred to disconnect their television sets when the current licence expires and put them away until the said Authority is set up for Wales.
> This would ensure that all (especially the so-called Christians) would not be viewing programmes free of charge, which would be un-Christian.

Mae llythyr Gwynfor y dyfynnwyd ohono hefyd yn cyfeirio at ddigwyddiad arall o'r un stori sy'n ymwneud â fi. Cefais wahoddiad, yn 1973, i ymddangos ar raglen deledu *Heddiw* ar BBC Cymru i drafod dadl y gweinidogion. Fe wnes i wrthod. Cydiodd Gwynfor a'i gefnogwyr yn y ffaith honno ar unwaith fel arwydd o lwfrdra ar fy rhan. Gwynfor oedd i fod i ymddangos ar y rhaglen i ddadlau yn fy erbyn. Gallwch ddychmygu'r honiadau – pob un yn troi o gwmpas y gred fy mod yn ofn wynebu Gwynfor. Petai pobol wedi trafferthu gofyn i fi yn uniongyrchol beth oedd fy rhesymau dros beidio â chymryd rhan yn y sgwrs, fe fydden nhw wedi clywed stori wahanol oedd hefyd yn digwydd bod yn wir!

Fe wnes i gymryd rhan mewn rhaglen deledu, hanner awr o hyd, ar y ffrae gyda'r gweinidogion. Roedd hynny ar un o raglenni *Yr Wythnos* ar HTV. Roedd dau weinidog ar y rhaglen honno hefyd. Wedi i'r rhaglen gael ei darlledu, penderfynodd y BBC y dylen nhw roi sylw i'r ddadl yn ogystal, ond fel eitem tair, pedair munud ar *Heddiw*. Doeddwn i ddim yn gweld unrhyw ddiben i gyfrannu am rai munudau ryw wythnos wedi trafod y mater yn fanwl am hanner awr. Roedd y ffaith mai Gwynfor roedd y BBC wedi ei wahodd i gyfrannu i'w heitem nhw yn ffactor ychwanegol hefyd. Dywedais wrth y BBC y bydden i'n ystyried cyfrannu i'w stori petaen nhw'n gofyn i un o'r gweinidogion gyfrannu. Gofynnais beth oedd y cyfiawnhad dros ddewis Gwynfor ac nid un o'r gweinidogion dan sylw. Doeddwn i ddim yn deall y dewis o gwbl. Yr ateb gefais i oedd am mai fe oedd Trysorydd Undeb yr Annibynwyr yng Nghymru! Tybed a fydden nhw wedi ymatal rhag gwahodd aelod o dîm rygbi Cymru i gyfrannu at eitem chwaraeon a gofyn i Drysorydd Undeb Rygbi Cymru gymryd rhan yn lle hynny? Neu'n fwy perthnasol, efallai, gofyn i Drysorydd y Blaid Lafur yng Nghymru i gyfrannu yn fy lle i!

Yn ei lythyr yntau mynega Gwynfor siom nad oeddwn i wedi cyfrannu. Amddiffynnwyd fy safiad i yn y *Carmarthen Times* gan ddyn o'r enw Roger Thomas, a fyddai'n chwarae rhan fwy blaenllaw o lawer yn y stori yn y blynyddoedd i ddod. Yn ei lythyr yntau, dywed:

> Of the three dozen ministers involved in activity which had aroused the criticism of Mr Jones, not one had been favoured by being invited to defend their actions. This was at least how the bright boys of the BBC read the situation...

Mr Jones' refusal to appear was fully justified and I admire this as an example of the political acumen he is fast acquiring. Mr Evans appearing on this programme was meant to further his own political cause. That he has people of influence, highly sympathetic to his cause, in the current affairs presentation of Welsh Language television, has never been more clearly highlighted.

Dianc a dadrithio

Pan oedd yn fater o rôl yr iaith Gymraeg a datganoli i Gymru yn fy ngyrfa wleidyddol, roedd T H Parry-Williams yn llygad ei le: 'ni allaf ddianc rhag hon' oedd hi go iawn! Roedd hynny'n wir yn fy ymwneud â Gwynfor a Phlaid Cymru, wrth gwrs, a hefyd yn fy ymwneud â charfan benodol oddi fewn i fy mhlaid fy hun. Yn eithaf cynnar yn fy ngyrfa fel Aelod Seneddol, fe ddes i weld nad oeddwn yn gallu uniaethu â nifer o fy nghyd-Aelodau Seneddol Cymreig yn eu hagwedd tuag at ddatganoli a'r Gymraeg. Roedd yna adleisiau cryf a phendant o'r ymateb a gafwyd oddi fewn i fy mhlaid fy hun pan awgrymais, yn fuan wedi i fi gael fy newis yn ymgeisydd am y tro cyntaf, fod angen Plaid Lafur Gymreig annibynnol.

Tra roedd protestio Cymdeithas yr Iaith ac ymgyrchu cenedlaetholgar Plaid Cymru yn mynd yn eu blaenau, roedd nifer o Aelodau Seneddol Llafur yn cwyno'n ddirfawr bod yr iaith Gymraeg yn cael gormod o sylw. I bobol fel Neil Kinnock, Alan Williams oedd yn aelod Gorllewin Abertawe, Leo Abse, Roy Hughes, ac eraill, roedd gormod o bwyslais yn cael ei roi ar y gallu i siarad Cymraeg ac, yn fwy penodol, roedd siarad yr iaith yn cynnig rhyw fantais i ymgeiswyr ar gyfer nifer o brif apwyntiadau cyhoeddus yng Nghymru. Wedi clywed y cwyno hyn am beth amser, penderfynais gyflwyno nifer o gwestiynau seneddol yn gofyn i rai o adrannau'r llywodraeth faint o Gymry Cymraeg roedden nhw'n eu cyflogi.

Daeth yr atebion yn eu hôl yn araf iawn. Ond wedi cyrraedd, dyma oedd y sefyllfa. Roedd y Swyddfa Gymreig yn cyflogi 130 o siaradwyr Cymraeg, sef 13.5% o'u staff. Roedd y Weinyddiaeth Gyflogi yn cyflogi 316 o Gymry Cymraeg, 18.5% o'u staff. Felly nid oedd y ffigyrau'n dangos unrhyw ffafriaeth tuag at siaradwyr Cymraeg. Yr unig eithriad oedd y Weinyddiaeth Amaeth. Roedden nhw'n cyflogi 600 o siaradwyr Cymraeg, 45% o'u staff. Hawdd deall hynny, gan fod nifer o staff y Weinyddiaeth honno yn gweithio mewn ardaloedd gwledig lle roedd canran uchel o siaradwyr Cymraeg. Go brin i'r ffigyrau hyn dawelu Kinnock a'i debyg. Doedd yr iaith ddim yn bwysig iddyn nhw beth bynnag oedd y ffigyrau.

Ond nid materion iaith a chenedlaetholdeb oedd yr unig fan lle roeddwn i a fy mhlaid yn camu i gyfeiriadau gwahanol. Gwelais ymhen rhyw chwe mis o gyrraedd San Steffan mai eglwys eang iawn oedd y Blaid Lafur ac nad oedd dim byd yn gyffredin o gwbl rhyngdda i a nifer o'm cyd-Aelodau Seneddol. Doedd dim byd i fy uno i ag arweinwyr undeb milwriaethus ac Aelodau Seneddol adain chwith. Nid fy myd i oedd eu byd nhw. Pan ddaeth pobol i sylweddoli hynny, roedden nhw'n cymryd yn ganiataol mai ar adain dde'r Blaid Lafur oeddwn i. Ond na. Fues i erioed ar unrhyw adain dde! Ar y pryd, mae'n siŵr fy mod yn dod i ddeall mai rhyw Lib/ Lab oeddwn i yn y bôn, yn ddemocrat cymdeithasol wrth reddf. Erbyn heddiw, mae'n siŵr y bydden i'n disgrifio fy hun fel radical Cymreig.

Mae dau faes amlwg lle roeddwn i'n gweld pethau'n wahanol i'r rhan fwyaf yn fy mhlaid ar ddechrau'r saithdegau: glo ac Ewrop.

Yn 1972 cafwyd y streic swyddogol gyntaf yn y maes glo ers 1926. Codiad cyflog oedd asgwrn y gynnen ac wedi i'r trafodaethau fethu, galwyd streic a barodd am saith wythnos. Ac yna ar ddiwedd 1973, bu anghydfod arall rhwng y glowyr a'r llywodraeth ynglŷn â chyflog. I arbed glo, cyflwynodd y Prif Weinidog, Edward Heath, wythnos waith tri diwrnod. Bu cwtogi ar y defnydd o drydan yn y cartref, roedd pob gorsaf deledu i fod i orffen darlledu am 10.30 bob nos ac roedd tafarndai yn gorfod cau yn gynharach nag arfer. Daeth y mesurau hyn i rym ar 13 Rhagfyr 1973. Pleidleisiodd Undeb y Glowyr o blaid streic arall yn Ionawr 1974. Dyna pryd wnes i wrthwynebu safiad yr NUM yn gryf. Cofiaf glywed yr Undebwr tanbaid, Mick McGahey, yn dweud mewn araith petai'r milwyr yn cael eu galw i dorri'r streic, yna dylen nhw anwybyddu'r alwad ac aros yn eu barics neu ymuno â'r llinell biced. Roedd y fath sylw yn gwbl groes-graen i fi. Arwyddodd 111 o Aelodau Seneddol Llafur ddatganiad yn condemnio ei sylwadau, finnau yn eu plith. I fi, roedd yn fater o gysondeb. Roeddwn i wedi beirniadu Gwynfor am beidio â chondemnio protestio treisiol yn enw cenedlaetholdeb. Roeddwn i wedi beirniadu rhai o weinidogion Cymru am annog torcyfraith o'r pulpud. Doedd dim un ffordd yn y byd y gallen i wedyn gefnogi torcyfraith yn enw achos y glowyr. Dyna a wnes yn ystod anghydfod diwydiannol y glowyr yn 1971 pan fu cryn ddadlau a ddylid cael balot cyn streicio. Yn gyfansoddiadol, roedd yn rhaid cael balot. Ond roedd nifer oddi fewn i'r Blaid Lafur yn fodlon cefnogi streic heb falot. Doeddwn i ddim yn cefnogi streicio heb falot. Dyna fy safiad cyson, beth bynnag oedd y pwnc.

Roeddwn yn grediniol mai newid y gyfraith oedd angen ei wneud nid ei thorri. Ni chefais gefnogaeth unfrydol i'r safiad hwn gan fy mhlaid yn fy etholaeth. Roedd nifer yn siomedig nad oeddwn wedi cefnogi'r glowyr, heb ddeall mai gwrthwynebu torcyfraith oeddwn i, yn hytrach na safiad y glowyr. Ond daeth yn gyfrwng rhwyg ymhlith fy nghefnogwyr. Fe wnes i bethau'n waeth wedyn trwy feirniadu Tony Benn yn gyhoeddus, fwy nag unwaith. Ond mwy am hynny wrth drafod etholiadau 1974.

Roedd pethau'n haws ar fater Ewrop, gan fod y rhan fwyaf o'm hetholaeth yn erbyn ymuno â'r Farchnad Gyffredin, fel yr oedd y rhan fwyaf o Gymru a finnau hefyd. Y mater lle gwelwyd rhwyg rhyngdda i a fy mhlaid oedd wrth alw am refferendwm ar y mater. Dyma ddywedais i mewn araith i Undeb Amaethwyr Cymru yn 1971:

The question of joining the Common Market should be put to the people in either a referendum or a general election.

Perthnasol iawn yn yr hinsawdd wleidyddol bresennol! Yn yr un araith fe wnes i gysylltu aelodaeth y Farchnad Gyffredin â sefyllfa Cymru'n benodol:

Those who are calling for the entry to the Common Market must also accept far greater devolution to Wales and Scotland. An elected Assembly to be responsible for many matters relating to Wales will have to be established, so as to counteract the remoteness not from Westminster, but from Brussels.

Pwy sy'n llywodraethu?

Wrth i 1973 ddod i'w therfyn, cyflwynodd y Llywodraeth Geidwadol gyllideb frys. Mewn erthygl yn y *Carmarthen Times* ar 21 Rhagfyr, dywedais mai unig bwrpas gwneud y fath beth oedd er mwyn hwyluso'r ffordd i alw etholiad cyffredinol. Dadleuais mai cyfrifoldeb y llywodraeth oedd ceisio datrys yr anghydfod economaidd yn y wlad, yn hytrach na cheisio rhwygo a rhannu carfanau o'r gymdeithas.

The country faces its gravest economic crisis since 1931... ordinary people, farmers, miners and the rest, have seen costs rise at an unprecedented rate and are looking for an amelioration and bridge the divisions that exist. There are sinister elements on the extreme left and right of politics which are ready to undermine our parliamentary system if given the opportunity.

Ysgrifennais at y Prif Weinidog, Ted Heath, yn ei herio i beidio â chwarae gwleidyddiaeth gydag anghydfod y glowyr.

I urge you to cease looking at the dispute in terms of political advantage. It will be to your eternal discredit if you were to engineer a possible election victory at the expense of doing untold damage to mining and the coal industry which will cause havoc with the economy.

Yng nghanol hyn oll, cyhoeddodd Gwynfor lyfr, *Wales Can Win*. Fe wnaeth nifer o'i sylwadau yn y llyfr fy ngwylltio.

> German invaders could not have caused more than a fraction of the havoc to Welsh national life than the British system had been wreaking for generations.

Gwnaeth sylwadau tebyg pan ymosododd Rwsia ar Tsiecoslofacia. Honnodd bryd hynny fod y gorthrwm a ddioddefodd Cymru trwy law'r Saeson yn waeth o lawer. Wrth gyfeirio at yr Ail Ryfel Byd yn benodol, dywedodd:

> At a time when the vast majority of their fellow countrymen had been brainwashed by Britishness... to ask them to kill their fellow human beings for England in these circumstances was, they felt, to become murderers.

Yn y papurau lleol, fe ymosodais ar y fath sylwadau:

> Gwynfor can not accept that in both World Wars, a great deal was at stake for the people of Wales, but according to him, these wars were waged 'not to defend anything of great value to Wales'.

Dim byd o unrhyw werth? Beth am fywyd teuluol? Rhyddid mynegiant? Rhyddid crefyddol? Ac yna, fe droiais at y sylw ynglŷn â'r milwyr o Gymry yn cael eu troi yn llofruddwyr.

> Murderers he called the Welsh soldiers. Well those tens of thousands of Welsh people fought to ensure our security today... to guarantee a Welsh Way of life could exist and guarantee its survival so that politicans like Gwynfor Evans and Gwynoro Jones can discuss important issues facing Wales today without fear of persecution or imprisonment.

Roeddwn wedi rhagweld yn gywir. Saith wythnos yn ddiweddarach dechreuodd streic y glowyr, a deuddydd wedi hynny, galwodd Ted Heath Etholiad Cyffredinol ar gyfer 28 Chwefror, pan oedd yr wythnos waith tri diwrnod yn dal mewn grym. Roedd brwydr arall yn fy wynebu felly, ond go brin y gallwn fod wedi rhagweld pa fath o frwydr fyddai honno.

10

Y fuddugoliaeth dair pleidlais

ROEDD TACTEG TED Heath yn amlwg. Ar y glowyr roedd y bai am sefyllfa economaidd gwledydd Prydain, meddai. Wedi'r cyfan, roedden nhw ar streic, roedd pobol yn gorfod diffodd eu trydan gyda'r nos a byw mewn golau cannwyll, a thri diwrnod oedd yr wythnos waith, nid pump. Ond nid creu sefyllfa economaidd ddifrifol oedd yr unig gyhuddiad yn erbyn y glowyr. Honnwyd gwaeth na hynny o lawer. Yn ôl y Ceidwadwyr, roedd gan y glowyr gynllwyn bwriadol i ddymchwel y llywodraeth fel rhan o'u hideoleg wleidyddol. Un o'r rhai oedd fwyaf uchel ei gloch ynglŷn â chynllwyn y glowyr oedd Wyn Roberts, Aelod Seneddol Conwy. Roedd ar y teledu a'r radio yn gyson yn sôn am gynlluniau amrywiol gan yr NUM, dan arweiniad eu swyddogion milwriaethus, i ddinistrio'r llywodraeth.

Roedd cannoedd o weithwyr fy etholaeth yn gweithio ym mhyllau glo Cynheidre, Cwmgwili ac Aber-nant. Penderfynais felly y dylen i ymweld â'r pyllau hynny i holi barn eu gweithwyr. Meddyliais am sylwadau Wyn Roberts tra fy mod dan ddaear yng Nghwmgwili:

> I though that if he had been with me he would be much more careful about what he says. These people to whom he was referring are ordinary people who have lived ordinary lives in the ordinary valleys of Carmarthenshire and elsewhere, who have nothing of the sort in mind and want only to make a decent living and give of their best for their country as they have done for decades past.

Ond, wrth gwrs, nid safiad y glowyr oedd yn bennaf gyfrifol am sefyllfa economaidd Prydain ar y pryd. A'r ffordd i ateb honiadau Heath oedd trwy ddangos sut oedd yr economi wedi dirywio ers iddo yntau gymryd yr awenau. Roedd dyled Prydain wedi cynyddu'n sylweddol ers 1970, roedd prisiau'n codi'n gyflym iawn ac roedd y bunt wedi gostwng yn ei gwerth.

Ers streic y glowyr yn 1972, roedd Plaid Cymru wedi methu uniaethu ag achos y gweithwyr hynny a oedd mor ganolog i ddiwydiant a diwylliant Cymru. Dyma sut mae Rhys Evans yn crynhoi'r sefyllfa yn arwain at ddiwedd 1973. Mae'n sôn am hyn yng nghyd-destun isetholiad ym Merthyr yn 1972, lle bu anghytuno brwd ynglŷn â dewis Emrys Roberts yn ymgeisydd. Roedd nifer yn y Blaid, gan gynnwys Gwynfor, yn anfodlon â'r dewis hwn. Ond Emrys Roberts frwydrodd yr etholiad ac fe wnaeth yn dda iawn yno hefyd.

> Ei gamp ef, yn anad neb, oedd dod mor agos i lorio Llafur yn Ebrill 1972. Roedd rhaniadau Llafur ar Ewrop hefyd o'i blaid, ond diystyrodd Gwynfor hyn i gyd. Ystyriai ganlyniad Merthyr fel trobwynt ond roedd Gwynfor, fel nifer yn ei blaid ei hun, yn camddarllen yr hin. Penllanw ar ffyniant poblogaidd Plaid Cymru fyddai Merthyr, nid ernes o lwyddiant pellach i ddod.

Mae'n sôn wedyn am effaith hyn ar Blaid Cymru.

> Wedi 1972, gwelwyd trai yng nghefnogaeth Plaid Cymru yn y cymoedd – nid yn lleiaf o ganlyniad i bresenoldeb arweinwyr ifanc egnïol yn y Blaid Lafur Gymreig fel Elystan Morgan a Gwynoro Jones. Ond bu Gwynfor ei hun hefyd yn gyfrifol am brysuro'r tueddiadau hyn ac am fethu â chynnal y gefnogaeth a welwyd yn y cymoedd i Blaid Cymru rhwng 1967 a 1972.

Roedd ffocws Gwynfor a'i blaid yn amlwg – Caerfyrddin, Meirionnydd a Chaernarfon. Dyna'r unig ardaloedd oedd yn bwysig iddo. Dyna pam iddo dargedu neb ond y Blaid Lafur, am mai nhw oedd y bygythiad yn yr ardaloedd hynny. Dyna pam iddo beidio â thrafferthu ag ardaloedd eraill llai Cymraeg eu hiaith. Arwydd o hyn oedd sianelu egnïon y Blaid tuag at Gymdeithas yr Iaith a'i gweithredoedd amrywiol. Yn nyddiau anghydfod streic y glowyr a'r trafod dybryd ar y Farchnad Gyffredin, doedd gan Gwynfor fawr ddim i'w ddweud. Arwyddion ffyrdd a thrwyddedau teledu oedd ei ffocws. Dywed Rhys Evans i hyn fod o fwy o gymorth i Gymdeithas yr Iaith nag i Blaid Cymru. Collodd Gwynfor gyfle i fanteisio ar boblogrwydd ei blaid ei hun yng nghymoedd y De am fod ganddo agenda gwbl bersonol i'w dilyn.

'Nôl yn curo drysau

Roeddwn yn gwybod y byddai ymgyrch Etholiad 1974 yn gwbl wahanol i un 1970, a hynny am sawl rheswm. I ddechrau, cyfnod byr iawn oedd rhwng y cyhoeddi a'r etholiad ei hun. Roeddwn i mewn sefyllfa gref iawn yn y blynyddoedd yn arwain at 1970, yn gweithio oddi fewn i'r Blaid Lafur ac yn weithgar yn yr etholaeth mewn cyfnod pan oedd y rhan fwyaf o'r materion yn ymwneud â'r etholaeth yn fy ffafrio i. Roedd gen i honiadau a sylwadau annoeth ac arwynebol Gwynfor o'm plaid hefyd, yn ogystal â thîm egnïol a brwdfrydig.

Yn 1974 doedd yr hinsawdd wleidyddol ddim yn fy ffafrio i o gwbl. Roedd carfan sylweddol o Aelodau Seneddol Llafur yn fy ystyried yn wrthwynebydd oherwydd fy safiad ar ddatganoli. A chyda glowyr gwledydd Prydain ar streic, roeddwn yn cael fy adnabod fel AS cymedrol oddi fewn i'r Blaid Lafur, un o'r saith deg oedd yn ochri â Roy Jenkins, un yr oeddwn yn Ysgrifennydd Seneddol iddo. Byddai'r ymlyniad hwnnw'n dod yn fwy amlwg, cyhoeddus a ffurfiol ymhen rhai blynyddoedd wrth ffurfio plaid wleidyddol newydd yr SDP. Ond llyfr arall yw hwnna!

O safbwynt Plaid Cymru, roedden nhw'n dipyn mwy trefnus eu hymgyrch nag yr oeddwn i. Roedd hynny'n bennaf oherwydd gwaith Peter Hughes Griffiths fel trefnydd. Sicrhaodd yntau fod gwell trefn ar y Blaid, gwell strategaeth a gwell llenyddiaeth etholiadol. Erbyn yr etholiad, roedd gweithwyr y Blaid, er enghraifft, wedi dosbarthu taflen a gynhyrchwyd gan Peter Hughes Griffiths i bron pob tŷ yn yr etholaeth. Roedd *Gwynfor Evans and You* yn daflen effeithiol dros ben. Cafwyd hysbyseb tudalen gyfan yn y *Carmarthen Times* ar 22 Chwefror, chwe diwrnod cyn yr etholiad.

Gwahanol iawn oedd y stori yn y Blaid Lafur. Roedd yr un tîm gen i ond, pedair blynedd yn ddiweddarach, doedd y lefelau egni ddim fel ag y buon nhw. Felly fy egni innau hefyd, yn rhannol am i fi gael *diverticulitis* yng nghanol yr ymgyrchu. Ond yn fwy na hynny, oherwydd fy agwedd tuag at fy mhlaid fy hun a'r gwrthwynebiad a gefais ar ambell bwnc.

Cafwyd un ddadl annisgwyl reit ar ddechrau'r ymgyrchu. A dweud y gwir, dechreuodd yr holl beth rai dyddiau'n unig cyn galw'r etholiad ond parodd am sbel wedi hynny. Cefais wahoddiad i fod yn Llywydd y Dydd yn Eisteddfod Genedlaethol Caerfyrddin, 1974. Roedd Plaid Cymru yn gandryll! Ysgrifennodd Peter Hughes Griffiths erthygl yn *Y Ddraig Goch* yn datgan ei wrthwynebiad yn ddiflewyn-ar-dafod. O dan y pennawd 'Pam Gwynoro?' mae'n amau doethineb trefnwyr yr Eisteddfod yn gwahodd un mor ifanc. Fel arfer, meddai, estynnir gwahoddiad i rai sydd wedi gwneud cyfraniad oes mewn rhyw faes neu'i gilydd, ond dim ond 30 oed oeddwn i. Fel rhan o'r un ddadl, dywed nad oedd cysylltiad rhwng yr Eisteddfod a byd gwleidyddiaeth na chwaraeon. Ond roedd yna gynsail i wahodd Aelodau Seneddol Cymraeg eu hiaith pan oedd yr Eisteddfod yn eu hetholaeth – Jim Griffiths yn 1962, Ivor Davies yn 1964, John Morris yn 1966 a Gwynfor Evans yn 1970. Pob un o'r rheini oddi fewn i ddeuddeg mlynedd i Eisteddfod Caerfyrddin.

Mae'n cwestiynu'r gwahoddiad am nad oedd yn credu i fi fod yn aelod o'r Urdd erioed, na chystadlu mewn unrhyw eisteddfod chwaith. Roedd fy ngwrthwynebiad i safiad y gweinidogion hefyd yn rheswm na ddylen i fod yn Llywydd y Dydd, yn ogystal â'r ffaith nad oedd gen i ddim byd da i'w ddweud am Gymdeithas yr Iaith – er, wrth gwrs, nad oes gan wleidyddiaeth ddim byd i'w wneud â'r eisteddfod, yn ôl

Peter Hughes Griffiths! Mae'n dweud wedyn nad oeddwn yn defnyddio fy Nghymraeg ac nad oedd wedi fy ngweld yn ysgrifennu unrhyw beth yn y Gymraeg. Yn anffodus iddo fe, yr wythnos y cyhoeddwyd ei bregeth, roedd gen i erthygl Gymraeg yn un o bapurau Caerfyrddin, un o nifer fawr wnes i eu hysgrifennu dros gyfnod hir o flynyddoedd. Cyfrannais yn gyson i raglenni teledu a radio yn y Gymraeg hefyd. Ond 'na fe, dyna enghraifft arall o berthynas lac iawn rhwng pwyntiau Plaid Cymru a'r ffeithiau go iawn.

Cydiodd y *Carmarthen Times* yn y stori yn naturiol ddigon. Mewn erthygl olygyddol ar 1 Chwefror 1974 mae'r golygydd yn ymateb i bwyntiau unigol Peter Hughes Griffiths ac yn cynnig ei ddehongliad ei hun. Er enghraifft, ar y pwynt ynglŷn â fy oedran, mae'n tynnu sylw at anghysondeb yn nadl Peter:

> INCONSISTENCY NOTE: Later, Mr Hughes Griffiths listed eleven men who would have made a 'worthier' choice. Among them are: Dafydd Iwan (hardly middle age) Tom Ellis, Labour MP (nothing to do with politics?) Barry John (nothing to do with rugby?)

Ynglŷn â'r pwynt am ysgrifennu yn y Gymraeg a'r cyfloedd diddiwedd a roddwyd i fi gyhoeddi erthyglau yn y papurau lleol, dyma ddywed y golygydd, gan gyfeirio hefyd at y ffaith i Peter ddweud ei fod yn 'ultra-Tory':

> INCONSISTENCY NOTE: If the charge of ultra-Tory was correct then why is 'endless space' being allowed to Labour – or any other party for that matter?

Mae'n crynhoi ei ddadl, gan gyfeirio at y ffaith bod etholiad ar drothwy'r drws:

> ...to attempt to publicly discredit the MP when his only 'crime' is to accept an invitation from the National Eisteddfod Committee to become a day president when the event is held in Carmarthen is not only untimely but thoroughly unworthy.

128

Ni wrandawodd yr Eisteddfod ar Peter Hughes Griffiths, ac fe dderbyniais y gwahoddiad i fod yn Llywydd y Dydd ar y dydd Gwener. Roedd yr holl fater yma'n enghraifft o barhad yr ymosodiadau personol arna i. Ond cyn yr Eisteddfod, roedd yna etholiad!

Noson y cyfrif

Cyrhaeddais y cyfrif tua hanner nos. Roedd y bwcis yn dal i ddweud mai fi oedd y ffefryn i ennill. Ond wrth i fi gamu i fewn i'r neuadd, gwelais fod fy nhad a Roger Thomas yno. Dywedon nhw wrtha i fy mod ar y blaen o tua 800 o bleidleisiau. Roedd hynny'n awgrymu'n gryf y byddai pethau'n agos iawn.

Daeth canlyniad y cyfrif o'r diwedd ac roeddwn ar y blaen o ddeg pleidlais. Gofynnodd tîm Gwynfor am ailgyfri'r pleidleisiau. Canlyniad yr ailgyfri oedd fy mod ar y blaen o bedair pleidlais. Galwodd Gwynfor am gyfri arall. Yn ôl y trydydd cyfrif, roedd Gwynfor ar y blaen o bedair pleidlais ac, yn naturiol ddigon, fi ofynnodd am gyfri arall y tro hwn. Erbyn hynny, roedd yn chwech o'r gloch y bore. Roedd cryn dipyn o gyffro a thensiwn, fel y gallwch ddychmygu. Gwnaed penderfyniad na fyddai'n deg i gynnal cyfrif arall, wyth awr wedi i'r tîm cyfrif ddechrau ar eu gwaith y noson cynt. Byddai'r cyfrif yn ailddechrau am bedwar o'r gloch y pnawn hwnnw, y dydd Gwener. Roedd tyndra pendant yn y neuadd ac ymhlith y dorf tu allan a phan gyhoeddwyd amser y cyfrif newydd, fe ddwysaodd cryn dipyn.

Y tu allan i Gaerfyrddin, roedd y Blaid Lafur wedi dioddef colledion sylweddol – Elystan Morgan i Geraint Howells, er enghraifft, a Goronwy Roberts ac Wil Edwards i'r ddau Ddafydd o Blaid Cymru, Wigley ac Elis-Thomas. Trwy Brydain, roedd y sefyllfa rhwng Heath a Wilson yn go dynn hefyd. O ystyried y cyd-destun ehangach, roedd llygaid pawb wedi troi at Gaerfyrddin erbyn y prynhawn Gwener hwnnw.

Erbyn hanner awr wedi saith y nos, canlyniad y cyfrif newydd oedd bod Gwynfor ar y blaen o un bleidlais yn unig. Gofynnais am gyfri arall. Ond cyn i'r swyddogion awdurdodi hwnnw, dywedwyd wrth yr ymgeiswyr na fydden nhw'n caniatáu cyfrif pellach, doedd ots pa mor agos fyddai canlyniad yr un yr oedden nhw ar fin ei wneud. Hwnna fyddai'r pumed cyfrif, a doedden nhw ddim am awdurdodi chweched. Dyna ni felly. Dyma fyddai'r canlyniad terfynol. Roedd y lleill wedi gwyro'n ôl a blaen rhwng Gwynfor a fi. Pwy fyddai'r cyfrif nesaf yn ei ffafrio tybed?

Cyn gwybod, cyhoeddwyd hefyd y byddai newid yn y dull o gyfri ar gyfer y pumed tro. Y tro hwn, byddai pleidleisiau'r ymgeiswyr yn cael eu cyfri un ar y tro, gan ddechrau gyda'r un oedd ar y gwaelod yn y cyfrif blaenorol. Dyna ychwanegu drama at y tensiwn felly! Y Ceidwadwr, Bill Newton Dunn a gyhoeddwyd gyntaf: 6,037 o bleidleisiau. David Owen Jones, y Rhyddfrydwr, yn ail: 9,698. Finnau oedd y trydydd i'w gyhoeddi: 17,161 o bleidleisiau. Fe wnes i droi at fy ngwraig a dweud, 'Dyna ni, fi wedi colli o un!'

Cyfrif Gwynfor oedd ar ôl. Wrth i hwnnw ddod i'w derfyn, cododd un o'r rhai oedd yn eu cyfri ei law. Dywedodd mai dim ond 46 o bleidleisiau oedd yn un o'r bwndeli o 50 o bleidleisiau dros Gwynfor. Trodd ei fwyafrif yntau o un yn fwyafrif o dri i fi.

Hefyd, daeth i'r amlwg bod 97 o bapurau pleidleisio wedi cael eu gosod naill ochr am nad oedd y marc pin swyddogol arnyn nhw. Dyna lle roedd asiantau'r pleidiau wedyn, ond yn bennaf asiantau Gwynfor a finnau, yn dal y papurau hyn i fyny at y golau i weld a oedd yna dyllau pin swyddogol. Byddai hynny'n ddigon i wneud y papur pleidleisio yn un dilys. Cafodd rhai eu derbyn yn y modd hyn. Ond, roedd yn rhaid i Gwynfor gael gwneud pwynt personol o'r weithred syml hon. Yn ei lyfr *For the Sake of Wales*, dyma a ddywed:

> Poor old Gwynoro was on tenterhooks at the count... going over to the returning officer to inspect the slips that had been spoiled. He would hold one up against the light and examine it closely.

Do, fe wnes i hynny. Ond am un rheswm. Roedd fy nghyfaill annwyl, Ivor Morris, oedd wedi bod gyda fi o'r cychwyn ers 1967 ac wedi bod yn gweithio drosta i'n ddiflino yn yr etholiad hwnnw, wedi llwyr ymlâdd erbyn diwedd y cyfrif. Roedd yn ei saithdegau erbyn hynny. Felly fe wnes i'r gwaith o wirio'r papurau pleidleisio yn ei le. Gwynfor unwaith eto yn gweld cyfle i fychanu yn ddi-sail.

Ond roedd y canlyniad i sefyll. Dyna ni. Roeddwn i wedi ennill. Unwaith eto, roedd Caerfyrddin wedi creu drama annisgwyl yng ngwleidyddiaeth Cymru. Roeddwn i'n ôl fel Aelod Seneddol yr etholaeth dymhestlog hon, a hynny o dair pleidlais!

Rhaid cywiro un fersiwn o stori'r noson honno sydd ar dudalen 350 o *Rhag Pob Brad*. Yno, dywedir i Gwynfor ddod o dan bwysau anferthol i alw am chweched cyfrif. Nodir iddo gael cyngor doeth gan Wynne Samuel a agwrymodd y byddai'n llawer gwell colli o dair pleidlais nag ennill o fwyafrif mor denau. Ond fel y dywedais eisoes roedd y swyddog wedi galw'r ymgeiswyr a'r asiantau at ei gilydd i ddweud na fyddai cyfrif arall wedi'r pumed, dim ots pa mor agos fyddai'r canlyniad. Roedd Gwynfor a phawb arall yn gwybod mai'r pumed cyfrif fyddai'r un ola. Dyw awgrymu bod posibilrwydd o chweched yn *Rhag Pob Brad* ddim yn gywir. Mae'n chwarae i'r ddelwedd o Gwynfor yn caniatáu i bethau ddigwydd: nid colli roedd e, ond rhoi ei ganiatâd i golli! Ar y pwynt o beth oedd orau, ennill o dair neu golli o dair, fe wnes i feddwl yn y ffordd honno hefyd mae'n rhaid dweud. Efallai y byddai wedi bod yn well i fi golli o un nag ennill o dair. Ond ffordd arall o edrych ar bethau oedd i fi gael wyth mis ychwanegol yn y Senedd.

Yn y dyddiau i ddilyn, bu cryn dipyn o sgwrsio ar ochr hewl ynglŷn â phwy oedd y tri a sicrhaodd y fuddugoliaeth i fi. Daeth nifer lan ata i a dweud mai eu penderfyniad nhw i fynd i bleidleisio yn hwyr yn y dydd gyda dau ffrind oedd wedi gwneud y gwahaniaeth. Efallai wir. Ond dwi yn gwybod un peth. Pan oeddwn i'n eistedd yn swyddfa'r Blaid Lafur yng Nghaerfyrddin, bron wedi rhoi fyny, tua naw o'r gloch ar noson yr etholiad, a hithau'n bwrw glaw yn eithaf trwm, roedd Laura allan yn y car yn dal i ganfasio! Fe aeth i stad dai cyngor Park Hall. Tua chwarter i ddeg, chwarter awr cyn i'r gorsafoedd pleidleisio gau, curodd ar ddrws. Yn y tŷ, roedd tair hen wraig yn eu dillad gwely. Llwyddodd i'w perswadio i ddod gyda hi i bleidleisio, gan roi cotiau mawr ar ben eu dillad gwely. Tybed ai nhw oedd y dair wnaeth y gwahaniaeth? Fe hoffwn i feddwl hynny!

Pan gerddais ar y balconi i annerch y dorf, wedi'r cyhoeddi, cefais groeso tanllyd iawn! Doedd dim modd i fi ddweud yr un gair, cymaint oedd bytheirio'r cannoedd oddi tana'i. Chwarae teg iddo, gofynnodd Gwynfor i'r dorf dawelu a rhoi cyfle i fi siarad. Llwyddais i ddweud ychydig eiriau ac yna'n ôl i mewn â fi i'r neuadd. Fe arhosom ni yno nes i'r dorf wasgaru ac yna cerdded rai cannoedd o lathenni at ein car. Roedd y ddau ohonom yn falch i ni lwyddo i wneud hynny, mewn gwrthgyferbyniad llwyr i 1970.

Ond, fe siaradon ni ar ein cyfer. Pan gyrhaeddon ni adre i Tanerdy, ar gyrion Caerfyrddin, roedd un o geir yr heddlu yno'n barod. Heb yn wybod i ni, roedden nhw wedi bod yn cadw golwg ar y tŷ ers rhai oriau'n barod. O fewn i lai nag awr o gyhoeddi'r canlyniad, roedd y galwadau ffôn bygythiol wedi dechrau. Roedd pedwar i gyd, gan bobl wahanol, pob un yn gas ac yn dreisiol. Roedden nhw'n gwybod lle ro'n i'n byw, medden nhw, ac am gadw llygad ar fy nghartre. Roedden nhw wedi cael digon ohona i ac yn benderfynol o ddod amdana i.

Y tu fewn i'r tŷ, dywedodd yr heddlu wrtha i y bydden nhw'n gwrando ar fy ngalwadau ffôn am dridiau pellach ac y byddai presenoldeb plismyn y tu allan i'r cartre dros y penwythnos. Rhaid cofio hefyd bod plant bach dan bum mlwydd oed gyda ni ar y pryd. Tybed ai dyma un canlyniad peidio â chondemnio gweithredu treisiol?

Pwyso a mesur

Yn hwyr ar y nos Wener ac i fewn i'r penwythnos, doedd dim prinder dadansoddi cyffro'r canlyniad. Roedd nifer yn disgwyl i fi ennill yn gyfforddus. Felly sut y bu i Blaid Cymru bron â chipio'r sedd yn ôl? Dyna'r cwestiwn. Dyma'r ateb a gynigiodd y *Carmarthen Journal*:

> This is a most difficult question to answer but it might be that the people in the Carmarthen constituency, like in Scotland and elsewhere are disillusioned with the big parties and were registering their protest.

Cyfrannodd y *Carmarthen Times* i'r dadansoddi hefyd:

> Disillusioned with the two major parties because of their agricultural policies, local farmers (arguing that the Liberal candidate was young and untried) were openly saying that they were switching their allegiance to Plaid Cymru – as they did in the by-election in 1966.

A bod yn hollol onest, rhoddodd hynny gryn dipyn o loes i fi. Roeddwn wedi gwneud popeth y gallen i, a phopeth a ofynnwyd i fi, i'r NFU a'r FUW.

Ar lefel dipyn mwy ysgafn, cododd sawl stori ddigon doniol ei phen yn sgil y canlyniad agos. Clywais enghraifft arall o fewn y misoedd diwethaf, credwch neu beidio, bron hanner canrif wedi'r etholiad. Roeddwn yn siopa mewn archfarchnad leol a daeth rhywun lan i siarad 'da fi. Doeddwn i ddim yn ei adnabod. Dechreuodd fy holi am fy nghi. Roedd hynny'n syndod mawr i fi am fod y ci, yn naturiol ddigon, wedi'n hen adael ni. Gofynnais sut yr oedd yn gwybod amdano. Dywedodd ei fod wedi rhoi ei gi yntau mewn *kennels* yn Llanedi, ger Llanelli, un tro er mwyn iddo fe â'i deulu fynd ar eu gwyliau. Tra roedden nhw bant, bu cryn drafod i bwy y dylen nhw bleidleisio. Wedi dod adre, fe aethon nhw i ôl eu ci. Wrth gerdded drwy'r cartre i gŵn, fe ddigwyddodd basio cwtsh ci arall a dynnodd ei sylw. Gwelodd y dyn mai Gelert oedd enw'r ci, gan ei fod ar y cwtsh.

Sylwodd wedyn ar enw'r perchennog, Gwynoro Jones. Trodd at ei wraig a dweud mai dyna pwy fyddai'n derbyn eu pleidlais nhw yn yr etholiad, oherwydd fod ei gi yn yr un man â'u ci nhw! Os yw hyn yn wir, a does gen i ddim rheswm i'w amau, wrth gwrs, dyna ddwy o'r tair pleidlais a brofodd mor dyngedfennol i fi! Wedi dweud hynny, clywais straeon digon tebyg ar hyd y blynyddoedd ac mae cyfanswm yr holl straeon dipyn mwy na thair pleidlais y mwyafrif! Am wn i, mae hynny'n ddigon tebyg i bawb sydd wedi mynnu iddyn nhw fod yn bresennol pan drechodd Llanelli y Crysau Duon yn 1972 – cyfanswm sy'n fwy na'r nifer a allai fod ym Mharc y Strade ar unrhyw un achlysur!

Cofnodwyd cyffro'r etholiad ar gân hefyd, credwch neu beidio! Rhyddhawyd record gan fab y Parchedig Denzil Protheroe – ni chofiaf enw'r grŵp, dwi'n flin. Mae'n dal ar YouTube heddiw, dan y teitl 'Cân Gwynoro'. Yn gryno, mae'n gwneud yn ysgafn ohona i. Pedwar pennill sydd, gyda'r gytgan ganlynol:

Pleidleiswyr bach Sir Gâr,
Peidiwch â dweud dim gair;
Os yw un yn fwy na digon,
Fi yw'r unig un â thair.

Mae sôn am y cyn-Brif Weinidog Harold Wilson hefyd yn y gân. A finnau'n ei gyfarfod ar y ffordd i 'Number 10' mae Harold yn dweud wrtha i:

'Mae'r dyn cyffredin wrth y drws a ti sydd nesa i fynd!'

Mae un o'r penillion yn sôn amdana i'n cwrdd â Leo Abse, a Leo'n dweud:

Wel, Gwynoro darling,
I fod yn safe MP,
Ma rhaid cael mwy nag ugain mil
A nid y bloomin three.

A dyma sut mae'r gân yn gorffen:

Mae Goronwy, Wil a 'Lystan wedi ffurfio grŵp
I ennill bach o arian 'nôl lando yn y swp.
Fe ganant 'Red Flag' weithie a hefyd 'Calon Lân'
Ond pan yng ngŵydd Gwynoro Jones...

ac yna'r gytgan.

Flynyddoedd yn ddiweddarach, roedd y gân yn un o'm dewisiadau pan oeddwn i'n westai ar raglen *Beti a'i Phobol* ar Radio Cymru. Ac mae hefyd ar fy sianel YouTube heddiw.

Ond, beth bynnag oedd maint y mwyafrif, roeddwn wedi cael byw i frwydro eto. 'Nôl â fi i San Steffan ar y dydd Llun, ond ymhell o fagu unrhyw sicrwydd y bydden i yno am gyfnod mor hir â'r tro cyntaf.

11

Ffarwél San Steffan

Wedi cyrraedd San Steffan, doedd yr un Aelod Seneddol yn siŵr pwy fyddai'n ffurfio llywodraeth y dydd. Ceisiodd Ted Heath ei orau glas i ddal gafael ar ei rym fel Prif Wcinidog, a llwyddodd – am rai dyddiau yn unig. Ceisiodd daro bargen gyda Jeremy Thorpe, Arweinydd y Rhyddfrydwyr, a fyddai'n ei gadw mewn grym trwy glymblaid. Credaf fod Thorpe yn fodlon dod i ddealltwriaeth gyda Heath a rhannu grym. Ond nid felly ei Aelodau Seneddol. Yn wyneb diffyg taro bargen, felly, daeth Harold Wilson yn Brif Weinidog am y trydydd tro, a hynny gyda llywodraeth leiafrifol. O leiaf roeddwn i'n gwybod 'mod i'n Aelod Seneddol mewn llywodraeth Lafur unwaith yn rhagor. Ond roedd yn sefyllfa fregus iawn ac roedd siarad yn fuan iawn am etholiad arall. Petai hynny'n digwydd, dyna'r tro cyntaf ers 1910 i ddau etholiad gael eu cynnal yn yr un flwyddyn.

Roedd Gwynfor yn iawn yn ei ddarogan. Pe byddai etholiad arall y flwyddyn honno, meddai, byddai Plaid Cymru mewn sefyllfa gryfach yng Nghaerfyrddin nag y bydden i, a fyddai pobol ddim mor naïf â meddwl eto y byddai'r Rhyddfrydwyr yn ennill nifer o seddau yng Nghymru. Trwy gydol haf '74 bu Gwynfor wrthi'n frwd yn crafu ffafr y Rhyddfrydwyr a'r Ceidwadwyr. O'i safbwynt yntau, dyna'r peth naturiol i'w wneud. Ond rhaid dweud bod yna rywfaint o anonestrwydd yn y fath dacteg, gan fod Plaid Cymru yn symud fwyfwy i'r chwith yr adeg honno. O'm safbwynt i, doedd dim angen i unrhyw un ddweud wrtha i pa mor fregus oedd mwyafrif o dri!

Ond yn ogystal ag edrych 'mlaen, roeddwn i am edrych 'nôl hefyd. Yn ôl fy arfer, roeddwn i am ddadansoddi canlyniad etholiad Chwefror. Daeth yn amlwg i'r Blaid Lafur gael ei nifer isa o bleidleisiau yn yr etholiad hwnnw ers 1935. Roedd nifer fawr o ymgeiswyr Llafur wedi colli rhwng 2,000 a 5,000 o'r pleidleisiau oedd ganddynt yn 1970. Yn hynny o beth, fe wnaethom ni'n lled dda yng Nghaerfyrddin trwy golli dim ond 1,600 ar bleidleisiau yr etholiad blaenorol. Yn Chwefror '74, daeth y Rhyddfrydwyr yn drydydd drwy Gymru, gan ddisodli Plaid Cymru o'r safle hwnnw. Cynyddodd pleidlais y Rhyddfrydwyr o 6% i 16% tra roedd pleidlais Plaid Cymru wedi disgyn i 10%.

Tai gwydr ac Ewrop

Ac yntau'n Brif Weinidog eto, roedd cyfle i Harold Wilson wneud rhywbeth yr oedd Tom Ellis a finnau wedi awgrymu y dylai ei wneud yn y mis Ionawr cyn yr etholiad. Roedd yn rhaid peidio â chael George Thomas fel Ysgrifennydd Gwladol Cymru. Am flwyddyn a mwy cyn yr etholiad, roedd George Thomas wedi gwneud niwed mawr i'r Blaid Lafur yng Nghymru. Yn ei erthyglau misol yn y *Liverpool Daily Post* yn benodol, achubodd ar bob cyfle posib i ladd ar yr iaith Gymraeg, yr Eisteddfod, diwylliant a hunaniaeth Cymru. Does gen i ddim amheuaeth i Lafur golli pleidleisiau oherwydd safiad George, yng ngogledd a gorllewin Cymru yn enwedig. Roedd yn creu rhwygiadau ac yn gwneud niwed, ac felly roedd yn rhaid iddo fynd.

Deallodd Harold Wilson y broblem ac ar ddechrau Senedd newydd Mawrth 1974, penododd John Morris yn Ysgrifennydd Gwladol Cymru. Doedd George ddim yn hapus o gwbl. Profais ei ddicter ychydig wedi hynny. Cefais glywed gan Cledwyn Hughes bod posibilrwydd i fi gael cyfrifoldeb fel gweinidog iau, naill ai yn y Weinyddiaeth Amaeth neu yng Ngogledd Iwerddon. Ddaeth dim byd o hynny, a chlywais wedyn, gan Fred Peart y Gweinidog Amaeth, bod George wedi gwenwyno fy enw wrth Harold Wilson.

Ond daeth cyfle am gyfrifoldebau newydd, a hynny o ddwy ffynhonnell. Cefais alwad ffôn gan Roy Jenkins yn gofyn i fi fod yn Ysgrifennydd Seneddol Preifat iddo. Yn aml, derbyn y fath gyfrifoldeb oedd y cam cyntaf tuag at fod yn weinidog. Rai dyddiau'n ddiweddarach, cefais neges gan swyddfa'r Chwip i ddweud fy mod wedi fy mhenodi'n un o gynrychiolwyr y Senedd ar Gyngor Ewrop.

Ym mis Mai 1974, fe es am wythnos i gyfarfod Aelodau Seneddol Ewropeaidd yng Nghynulliad Cyngor Ewrop. Yn sicr fe wnes i greu argraff yno, a hynny yn fy araith gyntaf! Penderfynais agor fy araith gyntaf erioed yn Ewrop yn y Gymraeg. Heuwyd yr hedyn mewn cinio'r noson cynt gyda John Smith, a aeth yn ei flaen i fod yn arweinydd y Blaid Lafur.

Wrth i fi godi ar fy nhraed, sibrydodd John wrtha i, 'Do you want the standing ovation now or after?' Pan ddechreuais siarad, ro'n i'n gallu clywed y cyfieithwyr yn siarad â'i gilydd yn fy nghlust, 'I think he's speaking Welsh!'. Dyma sut yr agorodd fy araith:

> Rydw i'n ddiolchgar i chi, Mr Llywydd, am ganiatáu i fi ddweud ychydig eiriau yn fy mamiaith er mwyn pwysleisio bod dirprwyaeth y Deyrnas Gyfunol yma yn cynnwys cynrychiolwyr tair cenedl... Efallai bydd y Cyngor am ystyried fy mod i wedi siarad mwy o Gymraeg yng Nghyngor Ewrop nag yr ydw i yn Senedd Prydain Fawr.

Yn y gynhadledd i'r wasg wedyn dywedodd John Smith 'I think that it's a great thing he's done.' Ond doedd pawb ddim o'r un farn. Dyma ddywedodd David Rosser, Gohebydd Gwleidyddol y *Western Mail*, yn ei golofn wythnosol, wrth glywed sylw John Smith:

> That's not what some of his colleagues in Westminster are thinking.

Unwaith yn rhagor, profais wrthwynebiad fy nghyd-Aelodau Seneddol Llafur ar fater yr iaith. Gwnaed pethau'n waeth pan gydiodd prif raglenni newyddion Prydain yn y stori, gan roi cyhoeddusrwydd eang iddi. Pan ffoniais Laura i ddweud wrthi beth yr oeddwn wedi ei wneud, roedd hi'n gwybod yn barod. Ac yn fwy perthnasol, roedd swyddogion Llafur yr etholaeth yn gwybod hefyd a doedden nhw ddim yn hapus o gwbl. Nhw oedd wedi ffonio Laura i holi pam oedden i wedi gwneud y fath beth!

Bu'n ddadl barhaol i fi yn fy etholaeth, yn y Blaid Lafur yng Nghymru ac yn San Steffan, i gael pobl i ddeall nad oedd dadlau achos datganoli a chenedlaetholdeb diwylliannol yn golygu fy mod yn aelod cudd o Blaid Cymru. Yn yr etholaeth, roedd cefndir hyn yn gwbl amlwg. Ers dechrau'r chwedegau bu'r frwydr rhwng Llafur a Gwynfor yn un ffyrnig, hyd yn oed ar y Cyngor Sir, lle'r arferai Gwynfor bleidleisio gyda'r cynghorwyr annibynnol yn fwy aml na pheidio. Felly, roedd yn anodd iawn iddyn nhw dderbyn sylwadau gen i oedd yn swnio'n debyg i'r rhai yr oedden nhw wedi bod yn brwydro yn eu herbyn gyhyd. Roedd yn rhaid gwrthwynebu popeth yr oedd Plaid Cymru yn ei ddadlau. Roeddwn yn anghytuno â chryn dipyn o'i pholisïau, wrth gwrs, ond nid ar faterion datganoli, iaith a diwylliant.

Ar ddiwedd fy wythnos yng Nghyngor Ewrop, fe ddaeth hi'n amser hedfan adre. Cyn dechrau'r daith, wrth eistedd ar yr awyren, daeth y peilot at y teithwyr a gofyn a oedd yna Mr Jones yn eu plith. Codais fy llaw a daeth ata i â photel o *champagne*. Ac meddai:

> I come from Llanelli and I've been flying this route for over 20 years. When I heard what you did in the Council you made me feel so proud!

Roedd rhai pobol o leiaf yn deall ac yn gwerthfawrogi.

A fo Benn a Roger

Yn gynnar iawn yn Senedd '74, fe ddes wyneb yn wyneb fwyfwy ag adain chwith y Blaid Lafur. Y penllanw oedd anghytuno'n gyhoeddus â Tony Benn, ffigwr oedd yn gynyddol ddylanwadol ac uchel ei barch yn y blaid, ac yn dal i fod felly. Erbyn mis Mehefin roedd wedi argymell rhaglen eang o wladoli tir y gellid ei datblygu. Dyna gyfle euraidd i ddangos i'r pleidiau eraill bod y Blaid Lafur ar ôl eich tir chi! Perthnasol iawn yn fy etholaeth i! Fy ymateb i oedd dweud bod y fath gynlluniau yn amherthnasol yn yr hinsawdd wleidyddol ac economaidd oedd ohoni. Roedd ofnau o fewn y Blaid Lafur bod dylanwad Tony Benn ar gynnydd a bod Harold Wilson yn ei chael hi'n anodd i'w reoli. Siaradais mewn dau gyfarfod o'r Blaid Lafur Seneddol, gan ddweud bod safiad Benn yn gwneud niwed etholiadol i Lafur. Yna, fe wnes i ryddhau datganiad oedd yn cynnwys y frawddeg hon:

> The captain of the ship in the middle of a storm does not attend a meeting called by his first mate to discuss the future direction of the voyage.

Deallodd pawb yn syth mai Wilson oedd y capten, a Benn y *first mate*. Cefais wahoddiad am gyfweliad ar raglen newyddion ITN, a Robert Kee yn fy holi.

Roedd Gwynfor wedi cydio yn rhai o sylwadau Benn a chodi ofnau bod bwriad Llafur i roi tir datblygu yn nwylo cyhoeddus yn golygu y byddai tir fferm a gerddi yn cael eu gwladoli. Yn naturiol ddigon, cododd hynny ofnau go iawn yng Nghaerfyrddin. Am yr eildro o fewn amser byr, fe'm galwyd i gyfarfod y Blaid Lafur etholaethol i esbonio fy hun. Rai wythnosau ar ôl gorfod esbonio diben fy araith yn y Gymraeg ym Mrwsel, roedden i nawr yn gorfod esbonio fy sylwadau ar Tony Benn. Llwyddais i osgoi cerydd ar y ddau achlysur. Gwnaeth llywydd y blaid etholaethol, Roger Thomas, un sylw yn y *Western Mail* am yr hyn a ddywedais ynglŷn â Benn:

> I suspect that the left wing element in the party could be upset by what was said but that perhaps is inevitable.

Fe fu Roger Thomas dipyn yn fwy gweithgar gyda'i lythyru i'r

Wasg o Chwefror '74 ymlaen. Cyfrannodd yn gyson i'r *Western Mail*, er enghraifft. Wrth edrych 'nôl, mae'n amlwg ei fod eisoes wedi dechrau meddwl am gam nesaf ei yrfa wleidyddol yntau. Mewn un erthygl, mae'n cymharu gwleidyddiaeth dau Ddafydd Plaid Cymru â gwleidyddiaeth Gwynfor:

> On television the other night Dafydd Wigley reminded us that he and his fellow member had in the past three months supported the Labour Government no fewer than on fifteen occasions with only three times against... Mr Evans, when he was our MP in 1966–1970, found himself able to support the Labour Government on few and far between occasions... the two present members are so far left that they make Mr Evans appear to be the apotheosis of reactionary attitudes.

Datganoli'n dechrau poethi

Heb amheuaeth, prif bwnc trafod haf a hydref '74 oedd datganoli. Roedd y galw'n cynyddu am ddeddfwriaeth ar Gynulliad i Gymru. Roedd Gwynfor yn galw am Gynulliad llawn o fewn tair blynedd. Er fy mod yn cytuno â'r egwyddor, doedd dim un ffordd yn y byd bod yr amserlen yr oedd yn ei chynnig yn realistig. Ond roedd y llywodraeth yn cymryd camau breision tuag at ddeddfwriaeth o'r fath. Yn yr haf, cyhoeddwyd dau Bapur Gwyn, 'Devolution within the United Kingdom' a 'Devolution Proposals for Scotland and Wales'. Roedd un arall i ddod ym mis Tachwedd, 'Our Changing Democracy: Devolution to Scotland and Wales'. Ni ellir cyhuddo'r Blaid Lafur o beidio â gwneud unrhyw beth dros Gymru, doedd dim ond rhaid edrych ar weithgarwch yr haf hwnnw'n unig. Ond, wrth gwrs, roedd Gwynfor yn fwy na pharod i wneud hynny. Meddai mewn erthygl:

> Every Labour voice which favours devolution and self-government has been silenced.

A hynny wedi i ni gyhoeddi dau Bapur Gwyn! Dwi wedi

pwysleisio droeon mai Llywodraeth Lafur fyddai'n llwyddo i gyflwyno'r ddeddfwriaeth i greu Cynulliad i Gymru. Profwyd hynny ryw ugain mlynedd yn ddiweddarach, a Gwynfor a finnau wedi hen ddiflannu oddi ar y sin wleidyddol, a deng mlynedd ar hugain wedi isetholiad Caerfyrddin, pan oedd Gwynfor ac eraill yn proffwydo Cymru annibynnol o fewn tair blynedd. Dyma ddywedodd Dewi Watcyn Powell pan oedd yn Gadeirydd Pwyllgor Cyfansoddiadol Plaid Cymru yn 1969:

...that Plaid would have more MPs after the General Election, and the inauguration of a Welsh State by 1973 was possible.

Yn y *Guardian*, 23 Medi 1968, ceir adroddiad o araith Gwynfor yng Nghynhadledd ei Blaid y flwyddyn honno.

A prediction that Wales would be a one-party state for up to three years after independence came from the President. 'Plaid Cymru will hold the reins of power for one, two, three years after self-government. By then we have no doubt that other parties would have emerged and we could contest elections.'

Roedd sylwadau tebyg yn gwneud niwed i ddidwylledd Plaid Cymru yn wleidyddol. Roedd yn amlwg i unrhyw un oedd yn deall y system nad oedd y fath beth yn bosib yn ymarferol, pa mor iawn bynnag fo'r egwyddor.

Cynhaliodd y Blaid Lafur yng Nghymru gynhadledd ar adroddiad Kilbrandon. Dadleuais yn gryf, yn fy araith yn y gynhadledd, bod angen symud yn fwy cyflym tuag at ddatganoli trwy sefydlu Cynulliad â phwerau eang i Gymru a chydraddoldeb ag unrhyw ddeddfwriaeth i'r Alban. Dyfynnais Lloyd George:

A generation that goes back on ground already gained doubles the march for its children.

Does dim angen dyfalu pwy oedd yn credu mai fe oedd yn gyfrifol am unrhyw dir a enillwyd o ran datganoli yn y cyfnod.

Roedd Gwynfor yn uchel ei gloch mewn areithiau a sgyrsiau yn dweud mai ei fuddugoliaeth e yn '66 a arweiniodd at Gomisiwn Kilbrandon ac unrhyw drafod ar ddatganoli a ddigwyddodd yn sgil hynny. Honnodd Gwynfor hynny yng nghynhadledd ei blaid yn Aberystwyth, yn ystod wythnos ola Hydref 1973. Roedd adroddiad ar ei araith, oedd yn cynnwys dyfyniadau helaeth ohoni, yn y *Carmarthen Times*, 2 Tachwedd, sef y diwrnod ar ôl cyhoeddi Adroddiad Kilbrandon. Dyma mae'n ei ddweud, yn blwmp ac yn blaen:

There would have been no Constitutional Commission but for Plaid Cymru. The process began with the Carmarthen by-election in 1966. It illustrates the truth that the way to get things done by government in Wales is through an independent national party.

Naïf ar y gorau! Mae'r fath osodiad ysgubol yn anwybyddu dau ffactor canolog. Yn gyntaf, rôl allweddol cnewyllyn o Aelodau Seneddol Llafur yn y broses o ddatblygu adroddiad y Comisiwn a hynny ar gefn blynyddoedd o ymgyrchu oddi fewn i'r blaid ar gyflwyno mesurau datganoli. Roedd pobol fel Cledwyn Hughes yn dadlau'r fath achos yn y 50au, flynyddoedd cyn i Gwynfor gyrraedd San Steffan. Yn 1965, blwyddyn cyn i Gwynfor ennill, galwodd Pwyllgor Gwaith Cyngor Llafur Cymru am sefydlu Cyngor Etholedig i Gymru, cam bach ond cam pwysig ar y ffordd i ddiwygio cyfansoddiad gwledydd Prydain. Yn 1968, sefydlodd y Blaid Lafur y Comisiwn ar y Cyfansoddiad o ganlyniad i'r trafod a fu am rai blynyddoedd cyn hynny, pan oedd Gwynfor yn gynghorydd sir. Yn 1972, cyn cyhoeddi Adroddiad Kilbrandon, roedd hyd yn oed George Thomas yn cefnogi addasiad i'r Mesur Llywodraeth Leol oedd yn galw am sefydlu Cyngor Etholedig erbyn 1976. Cefnogwyd y mesur gan un deg chwech o Aelodau Seneddol Llafur – Fred Evans, George Thomas, Donald Coleman, Brynmor John, John Morris, Cledwyn Hughes, Michael Foot, Denzil Davies, Tom Ellis, Caerwyn Roderick, Elystan Morgan, Gwilym Roberts, Wil Edwards, Neil McBride, Arthur Probert a finnau. Ar yr adeg hynny, efallai nad Cynulliad llawn i Gymru oedd yn cael ei gynnig gan yr un deg chwech hyn, ond roedd canran sylweddol ohonom ni am weld datblygiad o'r fath. Ond y pwynt perthnasol, yn sgil honiadau Gwynfor, yw bod galw am newid cyfansoddiadol ar waith cyn '66. Mae'n ddiddorol nodi hefyd bod enw Michael Foot ar y rhestr. Roedd yn gefnogol iawn i newid cyfansoddiadol a'i gefnogaeth yntau a lwyddodd i berswadio George Thomas i gefnogi'r mesur hefyd.

Yr ail beth mae sylw Gwynfor yn ei anwybyddu yw'r Alban! Mae honni mai etholaeth Caerfyrddin a agorodd ddrws datganoli yn diystyru'r ymgyrchu a'r pwysau gwleidyddol i newid cyfansoddiad Prydain a ddaeth o'r Alban cyn '66. Roedd yr SNP yn naturiol yn rym sylweddol ond roedd pwysau Aelodau Seneddol Llafur yr Alban yn dipyn mwy ac yn dipyn cryfach na'n pwysau ni fel aelodau Llafur Cymru. Dyna arwydd arall o'r fi fawr gan Gwynfor: dweud bod ei fuddugoliaeth wedi newid popeth trwy Brydain!

Agor cil y drws

Ond ar faterion eraill, roedd fy nadrithiad gyda'r Blaid Lafur yn cynyddu. Roedd prosesau gwneud penderfyniadau, strwythurau gweinyddol, pleidlais floc yr undebau ac ati yn creu pen tost i fi. Fe ddaeth y penllanw ar 27 Mehefin 1974. Ysgrifennais at Bwyllgor Gwaith y Blaid Lafur yng Nghaerfyrddin.

> I can not any longer conceal my acute concern about some developments in the Labour Party, which will not, in my view, enhance the prospects of the Labour Party and also affect the long term unity of the Labour Movement. I happen to believe strongly in the principles of social democracy. Some doctrines which are propagated on the extreme left of the Labour party are neither cherished nor supported by the majority of those who vote Labour.

Roedd fy lliwiau wedi eu hoelio'n glir a chyhoeddus ar y mast. Daeth galwadau cryf yn gofyn i fi gael fy nisgyblu ac i'r chwip gael ei thynnu oddi arna i. Y tro hwn, daeth yr ymateb nid yn unig o'r Blaid yng Nghaerfyrddin, ond yn genedlaethol. Yn ei gofiant ar Gwynfor, mae Rhys Evans yn crynhoi fy sefyllfa i ar y pryd:

> Ers tua 1972 roedd Gwynoro Jones wedi digio rhai o hoelion wyth Llafur yn yr etholaeth gyda'i gefnogaeth i Ewrop a'i ochelgarwch tuag at ofynion cyflog yr NUM. Gwaeth na dim o safbwynt y beirniaid fodd bynnag, oedd y ffaith iddo ochri gydag adain dde y Blaid Lafur, y garfan honno a gynhwysai wŷr trymion fel Bill Rodgers a Roy Jenkins, y gwŷr a fyddai ymhen saith mlynedd yn sefydlu'r SDP. Erbyn haf 1974, roedd asgell chwith y Blaid Lafur am waed Gwynoro Jones a dechreuodd cefnogwyr llai teyrngar gilio. Digwyddodd hyn i'r fath raddau nes i Neil Kinnock, aelod Bedwellte ac un o lefarwyr amlycaf y chwith fedru haeru'n hyderus fod Gwynoro yn '…myopic old fool who, by denying the elementary conviction of party has probably committed electoral hari-kiri – so we won't have to worry about him.'

Llywydd y Dydd

Yng nghanol y fath ferw, braf iawn oedd cael hoe yn Eisteddfod Genedlaethol Caerfyrddin yn Awst 1974. Roeddwn i i fod yn Llywydd y Dydd ar y dydd Gwener, ac roedd hynny yn fraint aruthrol i fi, un yr oeddwn yn edrych ymlaen ati'n ddirfawr. O ganlyniad, fe wnes weithio ar fy araith am wythnosau, yn ei mireinio'n fanwl ac roedd pob gair wedi ei ddewis yn ofalus. Roeddwn wedi dysgu'r araith ar fy nghof – arfer a ddaeth o fy nyddiau Ysgol Sul yn astudio adnodau ac ati. Roedd y wasg, oherwydd yr ymateb yn gynharach yn y flwyddyn pan ges i'r gwahoddiad yn y lle cyntaf, yn meddwl efallai y byddai croeso gweddol dwymgalon yn fy aros. Gohebydd y *Western Mail* er enghraifft:

> With the festival motoring along in low key up until now, this is the afternoon everyone has been waiting for, and at 3pm we were all packed in to the pavilion to hear what he was going to say. The big question will be, 'What will happen?' when the Labour MP

for Carmarthen by three votes in the last election, steps up to the mike. Are the lads from Cymdeithas yr Iaith Gymraeg going to keep quiet or is it all going to hit the fan?

Doeddwn i ddim yn disgwyl protestio a dweud y gwir, a doedd yna ddim. Ysgrifennais araith oedd yn dangos fy malchder yn fy mro a'i diwylliant. Nodais gyfraniad sylweddol nifer o drigolion y sir i fywyd Cymru, o Peter Williams i William Williams, Brinley Richards ac Elfed:

Rydym yn barod ddigon i frolio heddiw beth a wnawn dros y Gymraeg, ond gyfeillion beth am ymdrechion y cewri ddwy ganrif yn ôl? Llwyddodd y rhain i gyhoeddi cyfrolau yn y Gymraeg wrth y miloedd heb gymorth cyngor, cymorthdal llywodraeth na chyfleusterau modern i'w masnachu.

Cyfeiriais wedyn at y cyfryngau torfol oedd yn gymaint rhan o'n bywydau:

Yn sicr mae ein defnydd o'r cyfryngau yma yn ddiffygiol – ac yn arbennig y teledu. Felly pan ddaw Sianel Deledu Gymraeg, ac nid ydym am gymeryd na fel ateb, rwyf yn ffyddiog y gwelwn hi y tu fewn i ddwy neu dair blynedd, cofiwn wneud y defnydd gorau ohoni. Mwy o raglenni Cymraeg bid siŵr, ond pa fath o raglenni? Mae angen codi'r safonau yn y fan yna.

Cafodd yr araith dderbyniad twymgalon. Pan gyrhaeddais adre, deallais iddi gael ei darlledu yn ei chyfanrwydd, gan i fy mam-gu, oedd yn gaeth i'r tŷ, fy nghlywed. Pan gerddais trwy'r drws, dechreuodd lefen am mai dyna'r unig dro iddi fy nghlywed yn areithio. Cyhoeddwyd testun yr araith yn llawn mewn nifer o bapurau lleol. Fy ymateb personol i oedd ystyried tybed oedd yr araith wedi gwneud unrhyw les i fy ngobeithion mewn etholiad. Penderfynais nad oedd modd gwybod hynny, ond o leiaf doeddwn i ddim yn credu i fi wneud unrhyw ddrwg i'm hachos.

Y drws yn cau

Rai wythnosau'n ddiweddarach, ar 18 Medi, cyhoeddodd Harold Wilson y byddai Etholiad Cyffredinol ar 10 Hydref. Y person diwethaf i fi siarad ag e cyn gadael San Steffan i fynd 'nôl adre ar gyfer yr ymgyrchu oedd Dafydd Elis-Thomas. Dywedodd wrtha i, 'Ti'n gwybod dy fod yn mynd i golli, on'd wyt ti?' 'Ydw, ydw,' meddwn i heb oedi. 'Mae'r Rhyddfrydwyr a'r Toriaid yn mynd i bleidleisio'n dactegol dros Gwynfor ac yn erbyn Llafur. Cofia, dw i'n flin mai fel'na fydd hi.' Cefais argraff gref nad oedd fawr o gariad rhwng Dafydd Êl a Gwynfor.

Roedd ei sylw yn fy atgoffa o sylw a wnaed gan Gadeirydd y Blaid Lafur yng Nghymru, Ray Powell, a fyddai'n Aelod Seneddol Ogwr cyn hir:

> Look, Gwynoro, you might as well know that there are many of us in the Labour Party who are deeply unhappy with your stance on various party policies, and will be hoping that Gwynfor will win this election because it's best to cope with the enemy from the outside than the enemy inside the party.

Mae'n siŵr nad oes dau ddyfyniad yn crynhoi fy sefyllfa yn 1974 yn well na'r rheiny gan ddau mor wahanol â Dafydd Êl a Ray Powell!

Roedd ymgyrchu Hydref 1974 mor frwd ag ymgyrchu 1970, yn gwbl wahanol i fis Chwefror. Brwydr rhwng dau ymgeisydd yn unig oedd hon i fod. Siaradodd Gwynfor a finnau mewn nifer fawr o gyfarfodydd trwy'r etholaeth, 53 yn fy achos i. Y prif bynciau trafod oedd datganoli, problemau'r diwydiant glo, cynlluniau gwladoli'r Blaid Lafur ac ambell bwnc arall.

Fel yn ystod pob tro arall, roedd amaethyddiaeth yn bwnc llosg yn yr etholaeth. Y Sadwrn wedi cyhoeddi'r etholiad bu protest fawr gan yr NFU trwy ganol Caerfyrddin ac yna dau gyfarfod cyhoeddus ym Mhontargothi a Llanybydder. Roeddwn i'n annerch y ddau gyfarfod, fel yr oedd Fred Peart, y Gweinidog Amaeth. Roedden nhw'n gyfarfodydd tanllyd.

Llwyddais i annerch y ffermwyr, ond wrth yrru oddi yno, roeddwn yn gwybod i fi golli eu pleidlais.

Doedd pethau ddim yn fêl i gyd i Gwynfor chwaith. Roedd rhaniadau'n dal i fod oddi fewn i Blaid Cymru yn ogystal â beirniadu digon plaen ar arddull Gwynfor fel arweinydd. Beirniadwyd ei safbwynt unllygeidiog wrth-Lafur, gan Emyr Price, er enghraifft:

> Onid polisi tymor byr, polisi a fydd yn y pen draw yn wrth-gynhyrchiol ac aflwyddiannus yw dibynnu ar gefnogaeth amheus carfanau cymdeithasol esoterig, gwrth-Lafur ac mewn rhai achosion, adweithiol, yn hytrach nag apelio at drwch y boblogaeth – y bobl gyffredin weithgar.

Mae Rhys Evans yn gosod y sylw penodol hwnnw yn ei gyd-destun ehangach:

> Problem sylfaenol Gwynfor oedd bod y syniad o fudiad cenedlaethol yr oedd ef mor hoff ohono yn syniad a weddai i'r pumdegau a'r chwedegau – cyfnod pan chwiliai Plaid Cymru am droedle ar yr ysgol wleidyddol. Bellach roedd y troedle hwnnw ganddi ac roedd angen mwy nag agenda ddiwylliannol gyfyngedig y 'mudiad cenedlaethol' os am ddianc o'i cheyrydd gorllewinol.

Roedd y ddau ohonom felly ar dir sigledig oddi fewn i'n pleidiau ein hunain.

Symudwyd y cyfrif ar noson yr etholiad o'r Neuadd y Dre hanesyddol i Neuadd Eglwys San Pedr. Dwi ddim yn gwybod pam. Cyfyng iawn oedd y lle i'r cyhoedd o flaen drysau ffrynt y neuadd, ac yn eithaf buan cododd y tensiynau rhwng cefnogwyr y ddwy garfan. Llwyddodd meddwl cyflym y Prif Uwcharolygydd Viv Fisher i arbed y tensiwn rhag gorlifo. Ei ateb i gymodi'r carfanau oedd dechrau canu emynau a chaneuon poblogaidd fel 'Sosban Fach' a 'Bendigedig fyddo'r Iesu'. Fe weithiodd, a llwyddwyd i ffrwyno gorfrwdfrydedd rhyw dair mil o bobol!

Doedd canlyniad yr etholiad fawr o syndod i neb. Y

darogan ymlaen llaw oedd y byddai Gywnfor yn ennill ac y byddai pleidleisiau'r Rhyddfrydwyr a'r Torïaid yn dymchwel. Dyna ddigwyddodd. Cynyddodd pleidlais Gwynfor o 6,000. Disgynnodd y bleidlais Ryddfrydol o 4,300 a'r un Geidwadol o 3,000. Cynyddodd fy mhleidlais innau o 2,500 ers Chwefror 1974, ac roedd fil yn uwch na fy mhleidlais yn 1970. Roedd rhyw gysur i fi yn hynny, yn sicr. O leiaf roedd rhai yn cydnabod fy nghyfraniad ers 1970.

Fel y gellid disgwyl, roedd Gwynfor ar ben ei ddigon ac yn datgan yn fuddugoliaethus bod canlyniad Caerfyrddin yn arwydd sicr y byddai gan Gymru senedd ymhen dim. Roedd y sylwadau ysgubol yn parhau!

Mae yna un stori yn ymwneud â 1974 sydd wedi aros gyda fi tan heddiw. Mae'n un gwbl bersonol. Cyn yr etholiadau, roedd un ffarmwr lleol wedi dod i fy syrjeris. Roedd ganddo dyfiant aruthrol ar ei drwyn, un fel afal. Roedd yn amlwg yn peri cryn bryder iddo ac roedd wedi methu yn ei holl ymdrechion i gael y gwasanaeth iechyd i wneud rhywbeth yn ei gylch. Addewais y bydden i'n ysgrifennu at y gwasanaeth iechyd yn gofyn am help ar ei ran. Dyna a wnes. Cefais ateb yn ôl, yn addo y bydden nhw'n edrych ymhellach i'r mater. Rai wythnosau'n ddiweddarach, daeth 'nôl ata i i ddweud nad oedd dim wedi digwydd. Fe es i'r ysbyty fy hun a gofyn i weld un o'r doctoriaid perthnasol. Dywedais fod yr holl beth yn amlwg yn rhoi'r dyn a'i deulu dan straen ac yn creu embaras personol i'r ffarmwr. Chlywais yr un gair wedi hynny. Ac yna, wedi etholiad mis Hydref, canodd cloch y drws ffrynt. Dyna lle roedd y ffarmwr a'i wraig, a'i drwyn yn berffaith iach. Dywedodd ei fod am ddiolch i fi am drefnu'r driniaeth. Ychwanegodd nad oedd yn credu y dylen i fod wedi colli'r etholiad am fy mod yn haeddu ennill am y gwaith caled yr oeddwn wedi ei wneud dros bobol leol. Yn ei ffordd syml ei hun, roedd yr un stori fechan hon yn gryn dipyn o gysur wrth ddelio â siom.

Cyn yr etholiad, roeddwn i wedi gweld hysbyseb am swydd, Cyfarwyddwr Ymchwil a Gwybodaeth i Gyngor Gorllewin Morgannwg yn Abertawe. Roedd y dyddiad cau ddiwrnod ar ôl yr etholiad. Anfonais am ffurflen gais, dan enw a chyfeiriad fy nhad am resymau gwleidyddol amlwg! Llenwais y ffurflen ac yna gyrru i Neuadd y Dre Abertawe i roi'r ffurflen i'r person wrth y ddesg ffrynt. Roeddwn i mor hyderus â hynny y bydden i'n colli'r etholiad, er ei fod yn siom pan ddigwyddodd. Diolch byth, cefais y swydd, a dim ond am ryw bum wythnos y bues yn ddi-waith.

Ond roedd fy ngyrfa seneddol wedi dod i ben. Sut ydw i'n edrych 'nôl nawr ar y cyfnod, a fy mrwydrau gyda Gwynfor yn benodol? Dyna sydd yn y bennod nesaf.

12

Tros ysgwydd amser

MAE EISTEDD I lawr ac edrych 'nôl dros gyfnod mor gyffrous wedi bod yn anodd iawn ar brydiau. Nid ar chwarae bach mae pwyso a mesur gyrfa, a thrwy hynny, fy mywyd personol. Mae'n anochel mai nid y melys yn unig a ddaw i'r amlwg. Doedd hi ddim yn gyfnod melys ar un llaw. Yn wir, dwi ddim yn credu y gwelwn ni gyfnod mor chwerw yn wleidyddol yng Nghymru eto, ac roedd hynny'n arbennig o wir yn etholaeth Caerfyrddin. Dyna ddyddiau pan oedd aelodau a chefnogwyr Plaid Cymru a'r Blaid Lafur yn casáu ei gilydd ac yn gwrthod siarad â'i gilydd, hyd yn oed pan oedden nhw'n byw yn yr un pentre, a hynny trwy Gymru gyfan, nid yng Nghaerfyrddin yn unig. Mae'n siŵr y bydd nifer fawr yn ei chael yn anodd i gredu hynny heddiw. Ychwanegwch at hynny wedyn fod y frwydr wleidyddol ehangach yn cael ei phegynu ym mhersonoliaethau Gwynfor a fi, dau gymeriad cryf er yn wahanol iawn, a dyna osod yr olygfa dwi wedi cael cyfle i edrych 'nôl arni yn y gyfrol hon.

Mae yna bethau dwi'n eu difaru, heb os, ac fe wna'i ddod at y rheini yn y man. Ond cyn hynny, sut ydw i'n edrych 'nôl nawr ar brif gymeriad arall y llyfr hwn, Gwynfor? Sut ydw i wedyn yn edrych 'nôl ar Blaid Cymru yn y cyfnod? Ac, wrth gwrs, sut ydw i'n ystyried fy mhlaid fy hun ar y pryd erbyn hyn, un yr oeddwn yn aelod ohoni o 1960 tan 1981, ac yn Aelod Seneddol yn ei henw am dros bedair blynedd?

Gwynfor a fi nawr

Gwynfor yn gyntaf. Yn ddiamau, fe wnes i ddweud pethau digon llym am Gwynfor. Ac roedd angen eu dweud. Dwi ddim yn difaru'r sylwadau hynny o gwbl. Anodd credu heddiw cymaint yr oedd Gwynfor yn cael ei addoli y tu hwnt i bob rheswm ac mae hynny'n duedd sydd yn parhau tan heddiw, er bod y garfan sy'n gwneud hynny yn lleihau. Fuodd yr un gwleidydd yng Nghymru a gafodd ei addoli cymaint â Gwynfor Evans. Ond yn syml, nid duw oedd e. Fel dywedais eisoes, doedd e ddim yn wleidydd da o bell ffordd. Cenhadwr brwdfrydig oedd e. Cenhadwr effeithiol ond nid oedd yr effeithiolrwydd hwnnw yn ei droi yn wleidydd da o gwbwl. Amhosib meddwl amdano yn yr un anadl â rhai o fawrion gwleidyddol y cyfnod, fel Clem Attlee, a drawsnewidiodd y Wladwriaeth Les, Aneurin Bevan a'r Gwasanaeth Iechyd, a chyn y ddau hynny, Lloyd George. Mae llawer mwy o enghreifftiau.

Teimlais reidrwydd i'w feirniadu am ei sylwadau ar Fietnam, ei amharodrwydd i gondemnio torcyfraith a thrais yn enw cenedlaetholdeb, yr Ail Ryfel Byd, ei gymhariaethau cyson rhwng Cymru a sefyllfaoedd gwleidyddol mewn gwledydd eraill yn y byd nad oedden nhw'n berthnasol o gwbl i'w ddadl, safiad y gweinidogion capel, a'i ddilorni di-ben-draw ar y Blaid Lafur heb iddo gondemnio'r Torïaid erioed – roedd pob un o'r pwyntiau hyn, a sawl un arall, yn haeddu cael eu beirniadu am eu bod yn gyfuniad o bethau: yn anghywir, yn gamarweiniol, yn arwynebol ac yn naïf.

Ar y pryd, doeddwn i ddim yn gweld llawer o rinweddau personol yn Gwynfor ei hun. Ond dyna un man heb os lle mae amser wedi fy helpu i weld pethau'n wahanol. Mae'n amlwg i fi nawr bod ganddo rinweddau personol cadarnhaol. Y pennaf o'r rheiny oedd ei ddyfalbarhad. Llwyddodd i ymladd yn erbyn peiriant y Blaid Lafur, er enghraifft, ar ben ei hun yn fwy aml na pheidio, a hynny am gyfnod hir. Fe welodd weledigaeth, ffurfiodd ei weledigaeth ac fe gadwodd ati. Mae'n siŵr petai'n fyw heddiw y bydden ni'n cyd-fynd ar sawl peth yng nghyd-destun dyfodol Cymru fel gwlad a chenedl.

Gwerth nodi, yn yr wyth mlynedd y buodd y ddau ohonom yn brwydro yn erbyn ein gilydd, i ni siarad wyneb yn wyneb am lai na phum munud yn unig. Roedd casineb amlwg rhyngddom a doedd yr un ohonom yn parchu'n gilydd. Mae'n siŵr mai fi oedd yn dangos hynny fwyaf yn allanol. Ond daeth yn amlwg bod Gwynfor yn cadw ei sylwadau yntau amdana i ar gyfer sgyrsiau gyda'i ffrindiau, ac ar gyfer yr hyn yr oedd yn ei ysgrifennu, ac yn sicrhau mai eraill oedd yn ysgrifennu llythyron i'r wasg ar ei ran. Ond roedd hon yn frwydr rhwng dwy bersonoliaeth a sbardunodd agwedd ganolog at wleidyddiaeth Cymru gyfan yn y cyfnod.

Ond fe ddo'i'n ôl at ei weledigaeth wleidyddol ehangach. Ar y gorau, roedden nhw'n freuddwydion anymarferol. Ffolineb gwleidyddol a rhesymegol oedd honni mewn ffordd mor hyderus y byddai yna Lywodraeth i Gymru ymhen tair blynedd ar sawl cyfnod ar ôl iddo ennill yr isetholiad, ac yn enwedig ar ôl ailennill ei sedd. Ffolineb oedd dweud y byddai Cymru o'r fath yn genedl un blaid. Y realiti oedd iddi gymryd dros dri deg mlynedd wedi buddugoliaeth Gwynfor yn '66 i'r Cynulliad gael ei sefydlu. Roedd galw am frwydr, am strategaeth fwy call a chynhwysfawr gan Gwynfor yn y dyddiau hynny, a byddai pethau wedi bod yn wahanol iawn petai wedi gallu deall hynny.

Ar y pryd, roedd Cymru, a gwledydd eraill Prydain, yn cael eu huno gan y diwydiannau trwm; glo a dur yn benodol. Sefydliadau Prydain cyfan oedd yn rheoli'r fath ddiwydiannau, yn undebau ac yn rheolwyr. Does dim angen enghreifftiau mwy clir na'r British Coal Board a'r NUM. Roedd rhywbeth yn uno gweithwyr maes glo De Cymru a gweithwyr meysydd glo Lloegr a'r Alban. Roedd yr uno hyn y tu hwnt i unrhyw ystyriaeth arall. Ofer a ffôl, felly, oedd ymladd brwydr hunanlywodraeth yn erbyn y fath gefnlen. Roedd galw am gynllunio o fath gwahanol, megis yr argymhellion a luniwyd gan Gomisiwn

Kilbrandon, er i'r Blaid Lafur eu haddasu cryn dipyn cyn iddyn nhw weld golau dydd.

Rhaid cydnabod bod gan nifer eu rôl yn y broses a arweiniodd at y Cynulliad Cenedlaethol sydd gyda ni nawr, ac fel y cyfeiriwyd ato eisoes, mae'n hen bryd unioni'r camargraff a grëwyd ar hyd y blynyddoedd, sef mai Plaid Cymru roddodd bob agwedd ar ddatganoli ac ar statws yr iaith fel y maen nhw heddiw. Ffolineb llwyr! Doedd neb yn waeth am greu'r argraff honno na Gwynfor ei hun, ac yn hynny o beth, dyna fan arall lle mae angen ei feirniadu a'i gywiro. Mae record sawl llywodraeth Lafur ac, i raddau, llywodraethau Ceidwadol hefyd yn dangos iddyn nhwythau gyfrannu'n sylweddol at agweddau o ddatganoli ac at statws y Gymraeg, ac iddyn nhw wneud hynny heb unrhyw ddylanwad o gyfeiriad Gwynfor. I'w nodi eto, roedd parodrwydd Gwynfor i hawlio clod am bob datblygiad hefyd yn anwybyddu cyfraniad dipyn mwy sylweddol yr SNP yn yr Alban.

Plaid Cymru'r cyfnod

Wrth i Gwynfor ddal at ei ymosodiadau ar y Blaid Lafur, mewn ffordd mor styfnig o dynn, gan wrthod hyd yn oed sôn am y Toryaid, symudodd ei blaid i fod yn blaid y Cymry Cymraeg yn y gorllewin. Caerfyrddin, Meirionnydd a Chaernarfon oedd yr unig dargedau oedd yn bwysig iddo fe. Doedd dim ots am weddill Cymru.

Fe'i gwnaeth yn amhosib i'r Blaid Lafur weld unrhyw rinwedd yn yr hyn yr oedd yntau neu ei blaid yn ei wneud, oherwydd dwyster ei ymosodiadau arni. Petai wedi bod yn fwy clyfar a deallus, byddai wedi llwyddo i ddenu rhai o aelodau'r Blaid Lafur i gerdded ochr yn ochr ag e, i gydnabod cyfraniadau unigol Plaid Cymru. Trwy hynny, mae'n bosib y byddai wedi ennill rhywfaint o dir, hyd yn oed petai hynny fesul modfedd. Ond tra'i fod yn ymosod yn gibddall ar y Blaid Lafur, doedd dim gobaith o hynny. A oedd mewn difri calon yn disgwyl i'r Blaid Lafur ymateb i'w ofynion ac yntau'n ei dilorni ar bob cyfle posib am gyfnod mor hir? Dyna beth oedd agwedd wleidyddol gwbl naïf. Dyna agwedd oedd yn dangos nad oedd yn wleidydd wrth reddf yn y lle cyntaf.

Mae nodi sylwadau o'r fath i lawr ar bapur wedi fy ngorfodi i ystyried lle byddai Gwynfor yn y Blaid Cymru sydd ohoni. Dwi ddim yn siŵr pa fath o statws fyddai gan Gwynfor mewn Plaid Cymru sy'n cael ei harwain gan Leanne Wood neu Adam Price. Does dim lle i'r Pethe neu ystyriaethau diwylliannol yn eu gwleidyddiaeth nhw. Nid bod yr un o'r ddau yn anymwybodol o ddiwylliant Cymru, o bell ffordd, nac yn methu ei drysori chwaith. Ond nid hwnnw yw curiad calon eu strategaeth na'u polisïau gwleidyddol, fel oedd yn wir am gymaint o Bleidwyr yn y cyfnod sydd o dan sylw yn y llyfr hwn. Mae pwyslais yr arweinwyr presennol wedi galluogi'r blaid i ehangu ei hapêl, a dyw hynny ddim yn syndod. Dwi'n grediniol y byddai Gwynfor erbyn heddiw, fwy na thebyg, wedi ymbellhau o'i blaid, fel ag y gwnaeth ei ragflaenydd, Saunders Lewis.

Yr 'A' fawr

Daw hyn â fi at y newid mwyaf sydd wedi digwydd yn fy ffordd o feddwl wrth baratoi'r gyfrol hon. Mae'n ymwneud â diffinio elfen ganolog gwleidyddiaeth cenedlaetholdeb. Yn y cyd-destun hwnnw, clywn gryn dipyn am annibyniaeth. Y gred gyhoeddus yw mai dyna ddymuniad Plaid Cymru ar gyfer ein gwlad. Cymru annibynnol yw'r nod. Cymru Rydd, dyna'r slogan. Dyna gytgan Leanne Wood a dyna gytgan ei holynydd, Adam Price. Ond cân gymharol newydd yw hon i Blaid Cymru. Trwy'r wythdegau hyd at ganol y nawdegau, roedd Plaid Cymru yn dawedog iawn am hunanlywodraeth i Gymru, heb sôn am annibyniaeth. Y gwirionedd yw mai Ie Cymru sydd wedi dihuno Plaid Cymru i'w dyletswydd greiddiol.

Ond o ba lyfr emynau oedd Gwynfor yn canu? Mae'r pwyso a'r mesur, y pendroni a'r dadansoddi a wnaed ar gyfer y gyfrol hon, wedi peri i fi feddwl nad oedd ei ddwylo ar yr un dudalen â Leanne ac Adam. Roedd yn agosach at ei ragflaenydd.

Siaradodd Saunders Lewis yn nhermau statws dominiwn ac wedi hynny siaradodd Gwynfor yn nhermau conffederaliaeth. Doedd annibyniaeth ddim yn rhan o eirfa yr un o'r ddau. Ond roedd yr ymosodiadau ar Blaid Cymru yn y cyfnod sydd dan sylw yn y llyfr hwn yn seiliedig ar y gred bod y Blaid yn galw am Gymru annibynnol.

Beth mae hyn yn ei olygu felly? Plaid genedlatholgar yn cael ei diffinio yn nhermau galw am Gymru rydd ond dau o'i harweinwyr cyntaf heb ddefnyddio'r gair annibyniaeth o gwbl. Daeth hyn dipyn yn gliriach ar ôl darllen ymhellach. Yn *The Story of Saunders Lewis*, gan Gwynn ap Gwilym, 2011, nodir sylw a wnaed gan Saunders Lewis yn 1926:

> Do not ask for independence for Wales. Not because it is impracticable but because it's not worth having... we want not independence but freedom and the meaning of freedom in this respect is responsibility. We who are Welsh claim that we are responsible for civilization and social life in our part of Europe.

Mae Gwynn ap Gwilym yn dadlau ymhellach:

> The National Party's aim was 'Dominion Status' under British Sovereignty... and that its true ideal was for Wales to be one of a league of equal European states.

Rhaid nodi wrth wneud y pwynt hwn bod gan Saunders Lewis weledigaeth dreiddgar tu hwnt. Ysgrifennodd am gynghrair cyfartal o wladwriaethau Ewropeaidd yn 1926, dros 30 mlynedd cyn sefydlu'r Comisiwn Ewropeaidd a hanner canrif cyn i Brydain ymuno â hwnnw. Ond doedd annibyniaeth, meddai, ddim yn ymarferol ac o'r herwydd, nid oedd werth ei gael. Roedd annibyniaeth, meddai, yn ddadl faterol ac roedd yna egwyddorion uwch na rhai materol yn unig.

Flwyddyn yn ddiweddarach, yn 1976, cyhoeddodd Pennar Davies lyfr ar Gwynfor, *Gwynfor Evans, His Work and Thoughts*. Ynddo mae'n crynhoi ei ddealltwriaeth yntau o safbwynt Gwynfor:

...it is not independence in the form of 'untarnished sovereignty' that is Plaid Cymru's aim but an essential freedom to co-operate and work with other nations.

Ceir pwyso a mesur pellach ar y safiad hwn yng nghofiant Rhys Evans am Gwynfor. Dyma ddarn o'r gyfrol sy'n crynhoi hynny'n ddigon clir:

Camgymeriad pellach ar ran Gwynfor oedd iddo gyhoeddi pamffled a drawsnewidiodd bolisi cyfansoddiadol Plaid Cymru heb ymgynghori ag odid neb. Cyhoeddwyd *Self Government for Wales* and *A Common Market for the Nations of Britain* er mwy denu cefnogwyr y Blaid Lafur a lladd y cyhuddiad mai trychineb economaidd fyddai ymreolaeth. O hynny ymlaen, gobeithiai Gwynfor weld Marchnad Gyffredin wedi ei seilio ar wledydd ynysoedd Prydain. Y bwriad clir oedd claddu'r syniad fod Plaid Cymru am 'dorri bywyd economaidd Cymru i ffwrdd oddi wrth Lloegr' ond trwy wneud hynny, claddwyd polisi statws dominiwn ag un ergyd hefyd. Yn ei le, dechreuodd Plaid Cymru alw am statws Cymanwlad. Bwriad Gwynfor oedd gosod amcanion cyfansoddiadol Plaid Cymru oddi mewn i gyd-destun modern, ond i genedlaetholwyr puryddol roedd hyn yn dystiolaeth bellach fod y blaid wedi neidio ar y *'free trade band-wagon'*. Yn breifat roedd rhai aelodau mwy annibynnol y Pwyllgor Gwaith yn llawer mwy damniol. Credai Harri Webb, er enghraifft, mai ffiloreg oedd yr holl sôn am British Customs Union a bod y syniad newydd yn adlewyrchu teithi meddwl plaid oedd yn llawn o *'docile decorous language nationalists'*. Roedd agwedd Plaid Cymru tuag at y Gymraeg a'r ffordd orau i'w hamddiffyn, hefyd yn ganolog i'r drafodaeth hon ynghylch dyfodol y blaid a'i llywydd. Ar ôl cynhadledd flynyddol 1960, gwelwyd aelodau iau y Blaid yn fwyfwy beirniadol ynghylch y ffordd ymlaen, a chyda Gwynfor mor hesb llenwyd y gwagle gyda'u sylwadau hwy. Dyma hefyd oedd barn y gweision suful hynny a gadwai lygad ar Gymru. Ym mis Hydref 1960, ysgrifennodd Blaise Gillie at Henry Brooke i'w rybuddio bod yna: *'...widespread impression that Alderman Gwynfor Evans, the present leader of the Party, is in danger of losing his grip over the party to an extreme and younger section.'*

Tybed pa ddylanwad a gafodd hyn, er enghraifft, ar y ffordd y gwnaeth Gwynfor ymateb i brotestiadau a thrais yr '*extreme and younger section*' yn y blynddoedd i ddilyn? Ond yn fwy na hynny, rhaid gofyn cwestiynau ynglŷn â safbwynt Gwynfor ar fater annibyniaeth, ffederaliaeth, conffederaliaeth a statws dominiwn yn y cyfnod y bûm i'n brwydro ag e. Daeth un cwestiwn yn ôl i fy meddwl yn gyson dros y misoedd diwethaf. Os nad oedd Gwynfor yn gwbl argyhoeddedig ynglŷn ag annibyniaeth, pam na wnaeth y safbwynt hwnnw'n amlwg yn yr ymgyrchu gwleidyddol cyhoeddus rhwng 1966 a 1974? Pam y gwnaeth ddewis derbyn y sylwadau, yr honiadau, ynglŷn â safbwynt Plaid Cymru ar annibyniaeth heb eu cwestiynu na'u herio? Ddaeth ei sylwadau yn ymwneud â'i amheuon ynglŷn ag annibyniaeth ddim i'r amlwg tan yr 1980au.

Fe wnes sylw i'r perwyl hwn ar un o fy ngwefannau cymdeithasol yn ddiweddar. Cefais ymateb tra annisgwyl. Ymhlith yr ymatebion ffafriol i'r hyn wnes i ei ysgrifennu, daeth un gan Mabon, un o wyrion Gwynfor. Ei sylw, yn syml, oedd dweud nad oedd ei dad-cu wedi sôn am annibyniaeth. Cadarnhaodd hynny fy amgyffred o'r sefyllfa. Er nad oedd gen i unrhyw atgof nac amgyffred i Gwynfor arddel y term, does gen i chwaith yr un atgof i Gwynfor ddiarddel y term yn ei areithiau, ei gyfweliadau, neu mewn erthyglau papur newydd yn y cyfnod dan sylw. Pam sgwn i? Petai wedi gwneud hynny, byddai wedi lliniaru ac ysgafnhau cryn dipyn ar y chwerwder a'r gwrthdaro.

Byddai hefyd wedi tynnu Gwynfor a finnau yn dipyn agosach nag y buom ni erioed yn wleidyddol, ac efallai yn bosib iawn, yn bersonol hefyd. Mae hynny'n bwynt sydd werth ei ystyried.

Jac a Dai a Wil y Brwshys

Daw hyn â fi at fy mherthynas â phlaid Gwynfor heddiw. Mae'n siŵr mai'r enghraifft amlyca o hynny yw fy mhresenoldeb yn ralïau y mudiad rhyngbleidiol, Ie Cymru, dros y flwyddyn neu ddwy ddiwethaf. Ar yr achlysuron hynny, dwi wedi bod yng nghwmni teulu Gwynfor. Yn bennaf, ei ferch Meinir, un a fu i'r carchar yn y cyfnod roeddwn i a'i thad yn brwydro â'n gilydd, a hefyd Hedd Gwynfor. Dyna'r cyfnod pan ddywedais fod Gwynfor yn fwy na pharod i hebrwng protestwyr iaith at ddrws y carchar ond yna'n eu gadael yno a dychwelyd i foethusrwydd ei gartre. Gallwn bellach drafod yn agored, heb o reidrwydd i ni gytuno â'n gilydd, mewn modd na fyddai'n bosib yn y cyfnod dan sylw yn y gyfrol hon. Mae hynny'n gysur mawr i fi, mae'n rhaid dweud. Mae modd anghytuno, cynnal safbwyntiau gwahanol, heb orfod cwympo mas. Dyna arwydd pellach bod naws y cyfnod wedi newid cryn dipyn.

I gadw at fy mhrofiad personol, dyna oedd yn wir yn fy mhentre genedigol, Foelgastell, ac ym mhentre Cefneithin drws nesaf hefyd, pan o'n i'n grwt ac yn ddyn ifanc. Roedd yn gwbl naturiol i fi i fynd i gartre Jac Davies, Dai Culpitt a Wil Rees y Brwshys, y tri yn Bleidwyr pybyr. Ond cefais fy meirniadu'n hallt gan y Blaid Lafur am gyfathrebu â'r tri hyn, fel y cafodd y tri eu beirniadu gan Blaid Cymru am siarad â fi. Cyhuddwyd Dai Culpitt, er enghraifft, o ysgrifennu cerdd am Gwynfor ond nid amdana i, a finnau'n Aelod Seneddol ar y pryd. Ymateb Dai oedd cyfansoddi cerdd i fi, gan feirniadu'r Blaid Lafur am y ffordd roedden nhw wedi fy nhrin ar ôl i fi golli brwydr mis Hydref '74. Mae'r gerdd yn y gyfrol. Darllenwch hi!

Rhyfedd iawn oedd byw yn y pentre, ar yr aelwyd, o dan y fath amgylchiadau. Mewn ardal lofaol, lle mae'r cysyniad o gymuned glòs yn ystrydeb bron, daw rhaniadau fel'na yn fwy amlwg. Ond dim ond ar un lefel. Roedd yn ddeuoliaeth ddigon anarferol. Doedden ni yn lleol ddim yn cwympo mas, yn gwrthod siarad, fel dwi newydd ddangos. Ond ar lefel ehangach na hynny roedd y ni a'r nhw yn boenus o amlwg. Dwi ddim wedi gweld unrhyw beth tebyg iddo ers hynny, ddim yn unman. Yn y misoedd diwethaf, cysylltodd rhywun ar Facebook, a'i neges oedd dweud, pan oedd yn blentyn, y cofiai fod dweud fy enw ar yr aelwyd yn gyfystyr â rhegi!

Ond beth am fy marn ar annibyniaeth i Gymru erbyn

heddiw? Cwestiwn digon teg yng nghyd-destun y gyfrol hon, o ystyried i fi ddadlau achos datganoli i Gymru ers y chwedegau. O'm safbwynt i, mae sefyllfa Cymru wedi newid cryn dipyn erbyn y dyddiau hyn. Cyfeiriais eisoes at chwalu'r sefydliadau Prydeinig oedd yn uno gwledydd Prydain yn enw diwydiannau trwm. Roedd glo yn frenin ar bob un o wledydd Prydain, fel yr oedd dur. Mae'r diwydiannau a'r cyfundrefnau hynny wedi hen fynd.

Heddiw, realiti'r sefyllfa yw bod gan saith o'r gwledydd sy'n aelodau o'r Undeb Ewropeaidd boblogaeth sydd yn llai na Chymru ac mae eu harian i bob pen o'r boblogaeth yn llai nag yng Nghymru hefyd. I fi, mae'r ddadl draddodiadol, 'Can Wales afford it?' wedi hen fynd o'r herwydd. Heddiw, gall Cymru fod yn wlad sofran sy'n llywodraethu ei hun. Nid wyf yn or-hoff o'r gair 'annibyniaeth' – megis Saunders Lewis a Gwynfor – ond sut i gyrraedd y nod ydy'r dasg fawr nawr. Wrth gwrs mae angen ymgyrchu brwd, fel mae Ie Cymru ac eraill yn ei wneud. Ond mae gwir angen am Gomisiwn Cyfansoddiadol nid yn unig yn y DU ond yng Nghymru hefyd. Wrth gwrs, byddai'n rhaid blaenoriaethu polisïau'r Gymru newydd honno. Byddai'r sefyllfa yn dra gwahanol i'r hyn rydym ni wedi bod yn gyfarwydd â hi ers canrifoedd, ac yn hynny o beth, ar y dechrau, mae'n sicr y byddai'n gyfnod anodd iawn.

Ar y pwynt hwn, rhaid cydnabod cyfraniad fy nghyn-wraig, Laura. Soniais eisoes am ei hymgyrchu diflino drosta i cyn etholiad 1970 a hefyd dau etholiad 1974. A phan oeddwn i'n Aelod Seneddol, ac i fyny yn Llundain wrth fy ngwaith, Laura fyddai'n fy nghynrychioli mewn cyfarfodydd a digwyddiadau 'nôl yn yr etholaeth.

Ond trwy dro annisgwyl yn stori wleidyddol Laura a finnau, hi oedd yr un a fu'n gyfrifol am gynnau rhyw ymwybyddiaeth o bobl Plaid Cymru yndda i. Bu'n aelod o Ieuenctid Plaid Cymru dan ddylanwad y gymuned lle'i magwyd, sef Garn-swllt ger Dyffryn Aman. Yn yr un capel â hi roedd Ieuan Wyn Jones, yr un a ddaeth yn Aelod Seneddol i Blaid Cymru, a'i frawd Rhisiart Arwel. Mae gen i gof clir o lyfryn oedd gan Laura pan wnaethom ni gyfarfod. Dwi ddim yn cofio'r teitl yn anffodus. Ond dwi'n cofio'r llun ar y clawr. Llun buwch a'i chorff yn Lloegr ond yn bwyta gwair Cymru. Creodd y fath lyfr gryn storm. Mae'r argraff a greodd arna i'n bersonol yn gwbl glir! Cofiaf ofyn i fi fy hun, 'Pam ei bod hi fel hyn?'

Gadael Llafur

A dyna ni'n ôl at fy ymwneud â fy mhlaid fy hun. Cefais fy magu ar aelwyd Llafur. Roedd fy nhad a fy nau dad-cu ar y ddwy ochr yn Llafurwyr rhonc. Ond roedd hefyd gysylltiad teuluol agos iawn gyda'r Rhyddfrydwyr. Roedd nifer o fy nheulu yn Rhyddfrydwyr, yn berchnogion busnes, fel perchnogion siop jips enwog Morgans yng Nghaerfyrddin, a nifer o aelodau eraill y teulu yn ffermwyr yn yr ardal leol. Er y dylanwadau bore oes hyn, doedd gen i fawr ddim diddordeb mewn bod yn Aelod Seneddol nes i Jack Evans blannu'r hedyn y prynhawn hwnnw ym Mhenarth.

Wedi cael fy newis yn ymgeisydd, doedd dim stop ar fy ymgyrchu. Ond roeddwn wedyn yn rhan ganolog o'r ymgyrchu a'r brwydro ffyrnig a fodolai ar y pryd. Mewn ardal lofaol, roedd y fath rwyg yn amlwg. Roedd y tensiynau ar yr wyneb. Ac roeddwn innau yn y canol. Ond oddi fewn i fy mhlaid fy hun, roedd teimlad amlwg bod angen rhoi stop ar yr Aelod dros Gaerfyrddin am ei fod yn llawer rhy barod i ddweud ei ddweud. Doedd gen i fawr ddim amynedd â nifer o aelodau blaenllaw fy mhlaid fy hun, yn enwedig y rhai ar yr adain chwith lled eithafol oedd, yn fy nhyb i, yn gwbl afrealistig ac yn hybu polisïau yr oeddwn i'n methu cyd-fynd â nhw. Ond y pwynt pwysicaf i fi yn y cyd-destun hwn yw bod gormod o Aelodau Seneddol Llafur, cynghorwyr Llafur ac aelodau Llafur mor amlwg yn wrth-Gymraeg eu safiad a'u delwedd. A doeddwn i ddim yn gallu dygymod â hynny. Dyna ffactor canolog yn y ffaith 'mod i mor anhapus yn y blaid. Creodd hynny densiwn a loes i fi yn bersonol. Roeddwn yn gynhenid, yn reddfol, yn foi Llafur ond sut oedd pobol â'r fath agwedd yn gallu bod yn rhan o'r un blaid â fi? Doedden ni ddim yn meddwl am Gymru yn yr un ffordd.

Yn ail ran y saithdegau, fe ddaeth Roy Jenkins yn Llywydd y Comisiwn Ewropeaidd. Fe fûm i'n cadw mewn cysylltiad agos ag e dros gyfnod o bedair blynedd, trwy lythyru cyson, tan iddo orffen yn 1980. Ac oherwydd y llythyru hyn, roeddwn i'n gwybod yn 1978 y byddai plaid newydd yn cael ei ffurfio ac roeddwn yn cefnogi ac yn argymell Roy Jenkins i wneud hynny.

Dim syndod, felly, i fi adael y blaid ar ddechrau'r wythdegau pan ffurfiwyd plaid newydd yr SDP. Ymunais â'i sylfaenwyr, Roy Jenkins, David Owen, Shirley Williams, Bill Rodgers ac eraill i gynnig ateb newydd i bobol Prydain, yn lle yr hyn a gynigid gan y Blaid Lafur. Ar fater datganoli a Phrydain ffederal, roedd hon yn bennod newydd gyffrous iawn. Cefais fwy o gyfle i siarad ar y pwnc ac i ddadlau ei achos nag a gefais i erioed yn y Blaid Lafur, a hynny ar lefel Brydeinig. Gwnes areithiau di-ri trwy Brydain ar ddatganoli. Trwy'r rhan fwyaf o'r wythdegau roeddwn yn Gadeirydd yr SDP yng Nghymru, yn gyd-gadeirydd gydag Winston Roddick o'r Gynghrair rhwng yr SDP a'r Rhyddfrydwyr, a hefyd roeddwn ar Bwyllgor Gwaith Prydeinig yr SDP ac, ar ôl hynny, ar Bwyllgor Gwaith Prydeinig y Democratiaid Rhyddfrydol. Trwy'r cyfrifoldebau amrywiol hyn, roedd gen i ddylanwad ar rychwant dipyn ehangach o bolisïau na'r dylanwad oedd gen i ar ddatganoli yn unig oddi fewn i'r Blaid Lafur. Ar ddau achlysur penodol roedd hyn yn golygu sefyll yn erbyn un o sylfaenwyr yr SDP, David Owen, oedd yn erbyn datganoli ar y pryd. Enillais bleidlais fewnol yn ei erbyn, a sicrhau bod y blaid, o ganlyniad, yn cefnogi datganoli. Dw i'n falch iawn o hynny.

Heb os, roedd yr SDP yng Nghymru yn fwy blaenllaw na'r un blaid arall yn yr wythdegau wrth alw am ddatganoli. Fe aeth Plaid Cymru, hyd yn oed Gwynfor, a'r arweinyddion a'i dilynodd, Dafydd Elis-Thomas a Dafydd Wigley, yn dawel iawn ar y pwnc yn y ddegawd honno ac yn wir, hyd yn oed am yr ugain mlynedd rhwng 1997 a 2017. Dyma i chi flas o'r hyn dwi'n ei ddweud: defnyddiwyd y gair 'annibyniaeth' tua 150 o weithiau ym maniffesto etholiadol a chyhoeddiadau eraill gan yr SNP yn yr Alban yn y cyfnod hynny ond tua 15 o weithiau gan Blaid Cymru. Annheg rhoi'r bai i gyd ar Gwynfor. Y ffaith ddi-droi'n-ôl yw, oni bai am wleidyddiaeth yr Alban yn y nawdegau, a llywodraeth Blair ar ôl hynny, ni fyddai datganoli wedi digwydd. Roedd yr Alban yn ganolog i wleidyddiaeth Prydain yn y dyddiau hynny. Deallodd Blair fod yn rhaid iddo ymateb i hynny. Bu datganoli yn faen tramgwydd ym Mhrydain am chwarter canrif a mwy. Er i Wilson greu Swyddfa Gymreig ac ati, roedd cael Prif Weinidog oedd yn credu yn y fenter yn hanfodol. Beth bynnag oedd ei argymhellion dros wneud hynny, derbyniodd Blair yr angen am ddatganoli. Yng Nghymru, roedd hynny mewn cyfnod pan nad oedd y rhan fwyaf o Lafurwyr y wlad eisiau datganoli.

Difaru

Wrth ysgrifennu am fy mywyd, mae'n siŵr bod un cwestiwn yn codi yn gyson. Ydw i'n difaru unrhyw beth wnes i, neu wnes i fethu â'i wneud? Mae un ateb amlwg i'r fath gwestiwn. Camgymeriad mawr oedd i fi beidio â sefyll yn Etholiad Cyffredinol 1979, a fy mai i oedd i fi fethu â gwneud hynny.

Erbyn 1977, roeddwn i'n byw yn Abertawe, wedi symud yno oherwydd y swydd newydd ges i wedi colli etholiad Hydref 1974. Roeddwn ar y cyrion, felly, o safbwynt symudiadau'r Blaid Lafur yn etholaeth Caerfyrddin. Ond daeth cais i fi gynnig fy enw fel ymgeisydd ar gyfer yr etholiad ac fe wnes i hynny. Deallais wedyn, trwy bobol eraill rai wythnosau wedi hynny, i Roger Thomas gynnig ei enw yntau hefyd. Roeddwn wedi siomi rywfaint nad oedd e wedi dweud wrtha i ei hunan, gan ein bod yn ffrindiau agos erbyn hynny. Ond, dyna ni, fel'na oedd hi. Pan orffennwyd y broses enwebu, roeddwn wedi derbyn un deg saith o enwebiadau gan ganghennau'r Blaid Lafur yn yr etholaeth, yn ogystal ag undebau lleol hefyd. Pedwar enwebiad yn unig gafodd Roger. Roedd gen i fwyafrif cyfforddus felly.

Roedd hynny'n awgrymu'n gryf iawn y bydden i wedi llwyddo i gael fy newis fel ymgeisydd petai yna ddewis wedi digwydd. Ond, doedd hynny ddim yn ddigon da i fi. Gofynnais am gyfarfod gyda'r pwyllgor gwaith. Dywedais wrth y pwyllgor nad oeddwn yn hapus â'r ffordd yr oedden nhw wedi cynnal yr holl broses. Daeth yn amlwg i fi bod swyddogion y pwyllgor gwaith, oedd yn rhai gwahanol i'r rhai a fu gyda fi yn 1974, yn gefnogol iawn i Roger er fod mwyafrif helaeth o aelodau'r pwyllgor gwaith yn erfyn arna i i aros eto. O ganlyniad, roedden nhw'n gwneud cymaint ag y gallen nhw i wthio Roger ymlaen. I fi, roedd hynny'n peryglu'r undod a fu ym Mhlaid Lafur Caerfyrddin am flynyddoedd lawer cyn hynny. Fy ymateb i wedyn oedd tynnu fy enw yn ôl er iddyn nhw ymbil arna i i beidio â gwneud hynny. Dyna agor y drws i Roger Thomas felly. Pan ddaeth diwrnod y pleidleisio yn Etholiad Cyffredinol 1979, Roger enillodd, gan guro Gwynfor.

Roedd fy ymateb yn un anaeddfed heb os. Dylen i fod wedi derbyn y mwyafrif oedd yn fy nghefnogi a sefyll yn erbyn Gwynfor unwaith eto. Dwi'n aml yn meddwl beth fyddai canlyniad etholiad 1979 petawn i wedi sefyll, gan atgyfodi'r hen elyniaeth rhwng Gwynfor a finnau. Mae'n bosib y bydden i wedi ennill, fel y gwnaeth Roger. Wedi'r cyfan, yn y flwyddyn honno, blwyddyn buddugoliaeth gyntaf Margaret Thatcher, roedd y Torïaid yn boblogaidd tu hwnt. Symudodd ceidwadwyr etholaeth Caerfyrddin eu pleidleisiau yn ôl at eu plaid eu hunain, yn lle cefnogi Gwynfor, fel y gwnaed yn 1974. Ond ar brydiau eraill, dwi'n amau a fydden i wedi ennill, oherwydd byddai'r frwydr etholiadol rhwng Gwynfor a fi wedi bod yn dra gwahanol i'r un rhwng Roger a Gwynfor, a phwy a ŵyr sut y byddai pethau wedi mynd.

Wrth feddwl yn y ffordd hon, mae'r drws yn agor ar un agwedd meddwl sydd wedi fy llethu ar hyd y blynyddoedd. Y bwgan mwyaf sy'n codi ei ben o bryd i'w gilydd yw'r un hyll sydd yn sibrwd yn fy nghlust, 'Beth petai...?' Beth petawn i wedi sefyll yn '79? Beth petawn i wedi gwneud hyn yn lle'r llall? Mae ofnau felly yn fy llethu ac yn fy mlino yn aml. Ond hefyd, a digwydd fy mod wedi aros ac ennill yn 1979, fe fyddai yna broblem enfawr yn fy wynebu yn 1981, pan ffurfiwyd yr SDP. A fydden i wedi gwneud yn union yr un peth â Tom Ellis yn Wrecsam, sef croesi'r llawr o Lafur i blaid newydd yr SDP, ac yna, yn etholiad nesaf 1983, colli fy sedd, fel y gwnaeth Tom?

Ar y fath adegau, geiriau'r plant sy'n fy nghysuro. Mae'r tri, Glyndwr Cennydd, Indeg a Penri, wedi profi gyrfaoedd llwyddiannus iawn yn eu meysydd, Prif Weithredwr, Cyfreithwraig a Chyfarwyddwr Rhyngwladol, yr un mor llwyddiannus â finnau, os nad yn well. Dwi'n falch iawn ohonyn nhw. Ar sawl adeg, yn annibynnol i'w gilydd, pan maen nhw'n fy nghlywed yn sibrwd 'Beth petai...?', maen nhw'n dweud wrtha i, 'Petaet ti wedi cael cynnig y bywyd rwyt ti wedi ei gael pan oet ti'n blentyn ifanc, fyddet ti wedi ei dderbyn?' A fy ymateb amharod bob tro yw y bydden i wedi ei dderbyn yn eithaf bodlon. Serch hynny, dwi'n dal i gredu'n gryf y byddwn wedi cyflawni tipyn mwy petawn i wedi parhau i wleidydda ar ôl 1992. Un siom fawr ydy i mi golli'r cyfle i fod yn aelod o'r Senedd yng Nghaerdydd. Felly rhaid i'r ateb hwnnw ddistewi unrhyw gwestiynu ac amau. Dwi'n falch iawn i fi allu bod yn rhan o'r cyfnod mwyaf dramatig yn hanes gwleidyddiaeth Cymru a bod yn rhan o frwydr gyda Gwynfor oedd yn crisialu'r cyfnod hwnnw. Dwi hefyd wrth fy modd i fod 'nôl yng nghanol y brwydro a'r ymrafael gwleidyddol sydd ohoni heddiw er, yn sicr, ar yr ymylon yn bleidiol o hyd. Ar y cyfryngau cymdeithasol y daw fy mrwdfrydedd a'm hangerdd gwleidyddol i'r amlwg y dyddiau hyn. Mae'n rhyfedd sut mae amgylchiadau a safbwyntiau gwleidyddol heddiw yn debyg iawn i gyfnod brwydro gwleidyddol Gwynfor a Gwynoro. Mae'n rhyfeddach fyth wrth ystyried sut mae natur gwleidyddiaeth heddiw yn awgrymu y byddai Gwynfor a fi dipyn agosach nag y mae digwyddiadau Caerfyrddin y chwedegau hwyr a'r saithdegau cynnar yn awgrymu. Petai'r ddau ohonom ond wedi siarad â'n gilydd!

Araith fel Llywydd y Dydd,
Eisteddfod Genedlaethol Bro Myrddin, 1974.

LLYWYDD Y DYDD
EISTEDDFOD GENEDLAETHOL
BRO MYRDDIN

DYDD GWENER, AWST 9fed,
1974

GWYNORO JONES, AS CAERFYRDDIN

- Gwynoro Jones, Aelod Seneddol Caerfyrddin Mehefin 1970 — Hydref 1974.

- Ysgrifennydd Seneddol Y Gwir Anrhydeddus Roy Jenkins 1974.

- Aelod Cyngor Ewrop 1974.

- Llywydd Anrhydeddus Eisteddfod Bro Myrddin 1974.

- Cyfarwyddwr Ymchwil Gorllewin Morgannwg ers Hydref 1974.

LLYWYDD Y DYDD. EISTEDDFOD GENEDLAETHOL BRO MYRDDIN. DYDD GWENER, AWST 9fed, 1974

Annwyl Gydwladwyr,

Prin fod angen dweud mai braint fawr i unrhyw berson yw cael llywyddu yn yr Eisteddfod Genedlaethol.

Heb amheuaeth felly, heddiw yw un o'r dyddiau mwyaf arbennig yn fy mywyd i.

Fel Cymro sy'n ymwybodol o'i etifeddiaeth, teimlaf y fraint o lywyddu ym mrifwyl fy nghenedl yn anrhydedd i'w thrysori, ac fel bachgen â fagwyd yng Nghwm Gwendraeth, ac sy'n byw megis tafliad carreg i faes yr Eisteddfod, ystyriaf yr anrhydedd yn drysor o'r trysorau.

Gwyddom oll fod i Gymru ei phrif ddinas swyddogol, sef Caerdydd, ond gwyddom hefyd mai'r Eisteddfod Genedlaethol yw prif ddinas symudol diwylliant ein gwlad, ac eleni ei chartref yw Bro Myrddin.

A phriodol hynny, am mai dod gartref i un o'i haelwydydd cynharaf a chynhesaf a wna'r Eisteddfod eleni.

'Roedd Eisteddfod mil pedwar pump un (1451) yn un hanesyddol. Ynddi yn wir yr ennillodd Dafydd ap Edmund, meistr a thâd y gynghanedd, dwy gadair yr Eisteddfod.

Cofiwn hefyd am eisteddfod yn y dre ym mil wyth un naw (1819), pan fu'r athrylith rhyfedd hwnnw Iolo Morgannwg yn un o brif gymeriadau'r wyl.

Ac yn yr un eisteddfod y gwnaed yr Orsedd yn rhan o'r cyfundrefn eisteddfodol.

Fe fu'r Eisteddfod Genedlaethol, fel y gŵyr pawb, ddwywaith yng Nghaerfyrddin ers hynny, sef un wyth chwech saith (1867) a un naw ac unarddeg (1911).

Nid oes yng Nghymru fro gyfoethocach ei hanes a'i thraddodiad na Bro Myrddin. Mentraf ddweud nad oes tecach bro yn un man.

Y mae i'r dre a'i hardal hanes cyfoethog, gydag olion y Rhufeinwyr a'r Normaniaid yn amlwg o'u chwmpas.

Ymsefydlodd ei hun yn ganolfan llên ac addysg yn gynnar iawn hefyd.

Gŵyr pawb am Gaerfyrddin heddiw fel cyrchfan marchnata i gylch eang, ac yn ddiweddar tyfodd yn ganolfan bwysig llywodraeth leol.

169

Ond er mor bwysig yw prif ddinas Dyfed ym mŷd masnach a llywodraeth erbyn hyn, fe saif Bro Myrddin, a chylch ehangach o gwmpas, yn nodedig fel ardaloedd a gafodd eu breintio a'u hysgwyd gan ddylanwad y llenor a'r emynydd.

Yn wir fe gysylltir yr ardal âg un o lyfrau hynaf ac enwocaf y genedl, oherwydd yma ysgrifennwyd Llyfr Du Caerfyrddin.

Sonnir yn fynych, yn wir bron na ddywedwn hyd at ddiflastod, am lyfrau gleision, a phapurau gwyn a gwyrdd llywodraeth. Ond y mae Llyfr Du Caerfyrddin yn goroesi'r cwbl.

Yn y Llyfr gwelwn yr ymgais gyntaf at gyfansoddi emyn yn y Gymraeg. Rwy'n siwr mai prin y dychmygodd yr emynydd hwnnw mai Sir Gâr fyddai prif ardal yr emyn.

Yn wir dywedir fod gwreiddiau hanner emynau Cymru i'w cael ar lannau Tywi, Gwili, Cothi a Gwydderig.

'Rwyn siwr y maddeuwch i mi felly wrth i mi awgrymu fod nodir mawrion a fagwyd yn Sir Gâr yn odiaeth o beryglus, oherwydd fod cymaint ohonynt.

Ond pwy all beidio ag enwi rhai, megis y Ficer Prichard Griffith Jones, Llanddowror a'i ddylanwad addysgiadol sydd yn anfesuradwy. Thomas Charles prif sylfaenydd yr Ysgol Sul, a'i frawd Dafydd Charles—mae dyled Cymru'n fawr i'r ddau. Tomos Glyn Cothi, ymladdwr dros iawnderau dyn, Brinley Richards, Dafydd Jones o Gaio, ac Elfed a'i lais melfedaidd fwyn. Ond y mae dau arall.

Dyna Peter Williams sydd a'i weddillion yn Llandyfaelog. Dylai godi cywilydd arnom heddiw wrth gofio fod dros wyth mil o'r argraffiad cyntaf o'i feibl wedi eu gwerthu ym mil saith saith deg (1770).

'Rydym yn barod ddigon i frolio heddiw beth a wnawn ni dros y Gymraeg, ond gyfeillion beth am ymdrechion y cewri ddwy ganrif yn ôl ?

Llwyddodd y rhain i gyhoeddi cyfrolau yn y Gymraeg wrth y miloedd heb gymorth cyngor, chymorthdal llywodraeth na chyfleusterau modern i'w masnachu.

Ond beth, atolwg, am fardd ac emynwr mwyaf Cymru, y per ganiedydd ei hun—Williams Pantycelyn.

Gwelodd Gwenallt yn dda i ganu mawl i'w fawredd
"Ti oeddit bencerdd Ei Eisteddfod Ef".

Pwy all fy meio felly wrth ymfalchio yn fy mro?

"Digymar yw fy mro trwy'r cread crwn".

Ac wrth gwrs chwi faddeuwch i mi heddiw'n arbennig wrth i mi gloi'r cwpled gydag argyhoeddiad—

"Ac ni bu dwthwn fel y dwthwn hwn".

I mi, ym Mro Myrddin ceir "anadl einioes y genedl".

Ond y mae'n bwysig edrych tu draw i ffiniau bro.

Dyna wnaeth mawrion Sir Gâr. Wrth wasanaethu eu bro yn gyntaf daethont i wasanaethu Cymru gyfan.

Têg gofyn y prynhawn hwn a yw ein hymdrech ni—y genedlaeth gyfoes—yn haeddu cymhariaeth a'u hymdrech hwy? Yn enwedig pan sylweddolwn y manteision sydd gennym ni nad oedd yn eu meddiant hwy.

Cofiwn iddynt drawsnewid gwerin Cymru heb ddim ond angerdd eu hargyhoeddiad. Dim cyfryngau torfol yn eu meddiant, megis y radio a theledu a'r wasg ddyddiol. Y cyfan yn ein galluogi ni i gyrraedd miloedd ar amrantiad.

Yn sicr mae ein defnydd o'r cyfryngau yma yn diffigiol—ac yn arbennig y teledu.

Felly pan daw'r Sianel Deledu Gymraeg, ac nid ydym am gymeryd na fel ateb, 'rwyf yn ffyddiog gwelwn hi tu fewn i dwy neu dair blynedd, cofiwn wneud y defnydd gorau ohoni. Mwy o raglenni Cymraeg bid swir ond pa fath o raglenni. Mae angen codi'r safonau yn y fan yna.

Credaf mae drwy gyfrwng teledu, radio, addysg a'r aelwyd y gellir achub ein hiaith.

Rhoddodd mawrion Sir Gâr safon, disgyblaeth a gwerthoedd i'r genedl. Cerddodd, marchogodd efengylodd y rhain o Fôn i Fynwy a chodi'r genedl o'i thrwmgwsg hir a'i throi'n wenfflam ysol.

Felly yn oes yr unedau mawrion a'r cwmniau rhyngwladol, a phan mae gwledydd byd yn ceisio ffordd i ddod at ei gilydd, onid hanfodol bwysig yw dal ein gafael yng ngwerthoedd ein cenedl.

Yn wir, boed i ni gydnabod ein bod mewn perygl o daflu i ffwrdd y breintiau a drosglwyddyd inni, a hynny er bod y cyfleusterau i gyd yn ein meddiant. Mae angen ein hargyhoeddi nâd ydym, fel y tybi gan lawer, yn oes arbennig. Yn sicr "eraill a lafuriasant".

Fe honnir gan rai nad yw iaith yn bwysig, ac mai dim ond cyfrwng ydyw—tipyn ystwythach efallai nag algebra, ond yn y bôn, dim ond ryw fath o beirianwaith cyfathrebu.

Nid wy'n cytuno a'r honiad. Ni all neb amau nad yw iaith ynglwm wrth ganrifoedd o hanes, cefndir, traddodiad, diwylliant a ffordd o fyw.

"Os nad yw'n iaith busnes yna bychan yw ei gwerth", medd eraill. Dengys y gosodiad ddiffyg dychymyg y sawl a'i ddwêd, ond yn dristach fyth y mae'n adlewyrchu materoliaeth ddofn yr oes. Nid ar gloriau siop na chownter banc y pwysir iaith. Y mae'n rhan o wëad ein cymeriad.

Ar bob cyfri gadewch i'r iaith fod yn gyfrwng cyfathrebu, ond y mae achub yr heniaith yn llêtach peth o lawer na hynny.

Einioes ein treftadaeth yw hi, a thrwyddi y glynnwn at safonnau, ac y byddwn yn meithrin gwerthoedd.

A dyna sydd ar gôll yn ein cyfnod—wedi sicrhau gwellianau ond wedi colli gwerthoedd a chyd bwysedd.

Gwybod pris popeth heb wybod gwerth dim. Poenwn yn ddigon naturiol am ddyfodol economaidd ein cenedl, oherwydd yng nghefn gwlad mae hynny i wneud ag achub ffordd o fyw. Canolbwyntiwn ar anghenion materol, a rhoddwm bwyslais yn feunyddiol ar brisiau, cyflogau, trethi a nodweddion bydol eraill.

Byddwn, bawb, yn canlyn ein gwahanol fudiad a'n diddordebau.

Popeth yn iawn, ond gwyliwn na fydd *pethau* bywyd, er mor bwysig, yn troi yn *bopeth* bywyd.

Angen mawr ein hoes, angen mawr y genedl Gymraeg yw iddi ail—gydio yn hanfodion y bywyd Cymraeg. Y pethau hynny y medrwn lywio ein hunan—hyder wrthynt. Gelwir am weledigaeth o'r hyn mewn gwirionedd sydd wedi'n gwneud yn wahanol.

Medrwn achub iaith o bosib, adeiladu cyfundrefn gyfansoddiadol newydd, ac ar yr un pryd colli enaid y genedl.

Credaf ei fod yn fater poen a blinder na phrofodd y mwyafrif llethol o'n plant a'n hieuenctid heddiw swyn a gwefr yr emyn, na gwerth yr ysgol sul. A phwy ydynt ?—tadau a mamau y genhedlaeth nesaf, arweinyddion cymdeithas y ganrif nesaf, a aelodau'r corff cenedlaethol etholedig a ddaw i Gymru cyn bo hir. Buddiol felly yw gofyn beth a fydd yn sylfaen i'w bywyd ?

Felly mae gwladgarwch i mi yn golygu glynu wrth y gwerthoedd uchaf. Dyw hynny ddim yn golygu ein bod yn peidio a bôd yn gyfoes ein hagwedd nag yn arloeswyr yn ein dulliau.

Ond yn olaf, heddiw yw dydd croesawn y Cymru ar wasgar, ac yr ydym oll yn eu croesawu gyda llawenydd a balchder.

172

Y mae'n cyfeillion wedi dod yn ôl i'w cynefin o bedwar ban y byd, a 'rwyn siwr y byddant oll, wrth feddwl am yr hen gartref a bro plentyndod yn cytuno fod y gwerthoedd 'rwyf wedi sôn amdanynt yn eu hatgoffa o brofiadau cynnar bywyd.

Priodol heddiw felly, ar ôl sôn am *frogarwch* a *gwladgarwch*, yw cyfeirio at *frawdgarwch* o bosibl y pwysicaf o'r tri.

'Rydym yn byw mewn oes ddyrys, a chanddi broblemau arswydus, a'r problemau hynny yn dyfnhau. Felly gelwir am arweiniad gonest yng Nghymru fach fel yn yr America fawr oherwydd mae yna ddigon yn ein dydd yn cynnig atebion rhwydd i broblemau dyrys.

Mae yna chwildroad diwydianol, cymdeithasol a moesol yn cymeryd lle, sydd yn bygwth ein cymdeithas, ac yn tanseilio fframwaith safonol ein bywyd.

Ond ai syndod fod hyn yn digwydd a bod disgyblaeth yn diflannu ? Pan gyll cymdeithas ei safonnau y mae peryg iddi fynd yn chwilfriw.

Yn wir mae disgyblaeth, safanau a chydbwysedd i wneud ag ateb problemau economaidd.

Onid yw yn drychineb bod y ddynoliaeth—yn sgìl gwellianau hanner canrif, a datblygiadau technegol a gwyddonol ar yr un pryd wedi colli golwg ar werthoedd. Materoliaeth wedi cymeryd gafael ar yr oes, a'r gymdeithas wedi colli'r ddawn i synnu a rhyfeddu at beth sydd yn digwydd yn y byd.

Meddyliwn am broblemau enfawr y wlad ochr arall i Fôr Iwerydd, Dwyrain Canol, Cyprus, ac am y tyndra cymdeithasol sydd mewn llawer gwlad.

Yr ydym ni, o drugaredd, yng Nghymru wedi osgoi hyn, ac yn cyd-fyw yn weddol heddychlon ! Bu traddodiad gwareiddiedig ein cenedl o frawdgarwch, yn drech na'r eithafwr, ac odid na welwn yr un peth trwy'r gwledydd oll pe lwyddid i ymestyn dylanwad brawdgarwch.

Brogarwch, Gwladgarwch a Brawdgarwch—ar draws y canrifoedd y mae dynion wedi ceisio adeiladu cymdeithas well ar y sylfaeni hyn. Credaf, ar waethu'r cwbl, fod modd inni orchfygu'r anhawsterau, ond inni ddal ein gafael, ac i raddau, ail gydio yn y gwerthoedd y rhoddai ein tadau bwys arnynt.

Gadewch inni osod ein ty mewn trefn yn Nyfed ac yng Nghymru. Gallwn anghytuno ar lawer o bethau, a dadlau'n frawd, ond gadewch inni wneud hyn gydag ewyllys da, a throsglwyddo i'n plant

yr etifeddiaeth a ddaeth i lawr inni drwy aberth mawr.

"Duw a'th wnaeth yn forwyn iddo
Galwodd di yn dyst
Ac argraffodd Ei gyfamod
Ar dy byrth a'th byst".

(Cymru : Gwenallt)

Y tadau a lafuriasant—gadewch i ninnau weithio fel y tros-
glwyddwn i'r oes a ddêl y glendid â fu.

Dau o'r un ar ddeg pennill a luniwyd gan fy nhad i ddathlu fy muddugoliaeth. Eiddo Ieuan Rees, y Tymbl, yw'r gwaith caligraffi.

Etholiad Caerfyrddin 1970 33

John·Ellis·Jones
Tad-Gwynoro Jones A.S

I gofio'r fuddugoliaeth
Sydd wedi dod i ni.
Ysgrifennais rhai penillion
Am fy atgofion i.
Hyfrydwch ydyw adrodd
Am ddyddiau difyr iawn,
Wrth fynd i lu gartrefi
Dros ein ymgeisydd mawr.

Yn oriau bach y boreu
Roedd miloedd yn y dref,
Yn aros am y cyfri
Cyn cychwyn tua thref,
Dymunau rhau mae Gwynfor
Ond eraill ddywed Huw,
Fe 'roeddwn i yn ffyddiog
Fod Gwynoro wrth y llyw.

Cerdd D. H. Culpitt.

I Gwynoro Jones

(Aelod Seneddol dros Gaerfyrddin 1970-1974)

Mae'n wir nad oeddem o'r un blaid wleidyddol,
Ond rhydd yw i bob dyn ei gred a'i farn
Crwydraist yn eiddgar dros y llawr seneddol
Gan chwalu'r hen ragfarnau i gyd yn sarn;
Collaist ddafnau o chwys yn ol dy gredo
A throi pob carreg dros yr hyn oedd iawn,
Deliaist ati'n weithgar heb laesu dwylo
Gan gyflawni dy ddiwrnod gwaith yn llawn.
Marchogaist fel yntau ar ebol asyn
A'r dorf yn taenu llawryf dan dy draed,
Canwyd dy glodydd yn ddiddiwedd wedyn,
Er bod 'na rywrai'n ysu am dy waed.
A chroeshoeliwyd di gan yr un hen griw
A floeddiai 'Hosanna!' ar ffordd Jeriw.

D.H.Culpitt 1976